# VOTRE ENFANT APPREND A PARLER

Jean Rondal

# Votre enfant apprend à parler

Quatrième édition

MARDAGA

© Pierre Mardaga, éditeur
Hayen 11 - B-4141 Sprimont
D. 2001-0024-38

*A Alphonsine et à Cyrille, rétroactivement.*

# Avant-propos

Nous avons écrit ce petit livre pour les parents et les non-spécialistes. Notre intention est de résumer pour eux, en termes aussi simples que possible, les connaissances qui se sont accumulées sur ce sujet depuis quelques dizaines d'années. On ne trouvera dans cet ouvrage aucune considération théorique et aucune des références qui alourdissent les présentations techniques et contribuent à rebuter le grand public.

Notre but sera atteint si après avoir lu ce livre le lecteur est en mesure de mieux comprendre l'extraordinaire aventure que constitue pour l'enfant la maîtrise progressive du système de sa langue.

De façon à ajouter à l'utilité de l'entreprise, nous avons fait suivre la plupart des chapitres de « *Points de repère* » et de « *Conseils aux parents* » se rapportant directement aux acquisitions décrites dans le cours du chapitre. Enfin, une petite liste d'ouvrages est donnée à la fin du livre à l'usage de ceux qui souhaiteront en apprendre davantage sur le sujet. Un glossaire d'une trentaine de termes complète le tout.

Jean A. Rondal

# Introduction

Le langage est sans doute l'instrument le plus important créé par l'homme (la femme ?). Il favorise la communication. Il participe au fonctionnement de la pensée.

Créé à l'origine des temps, LE LANGAGE EST RECONSTRUIT A NEUF OU PRESQUE PAR CHAQUE ENFANT.

Que le langage s'acquière, voilà qui peut surprendre. On nous demande souvent : « Vous étudiez l'acquisition du langage; en quoi cela consiste-t-il ? » Sous-jacente à cette question est l'idée que le langage comme la marche ne s'apprend pas mais vient simplement à maturité avec le temps. Il n'en est rien. Il faut apprendre à reconnaître et à produire les sons de la langue, les combiner de façon à former des mots, et organiser les mots en phrases selon les règles propres à chaque langue. Par exemple, les combinaisons *voyelle + gh* n'entrent dans la composition d'aucun mot français. Elles sont à la base de la formation de nombreux mots anglais (*through*, qui veut dire *à travers*; *although* qui veut dire *quoique*; etc.). De même, pour la formation des phrases, certaines séquences non permises en français (par exemple, *Aime Pierre Marie*, au sens de *Pierre aime Marie*) sont des plus communes dans d'autres langues comme le russe (Lioubit Piotr Marinou). Parler une langue, ce n'est pas seulement pouvoir reconnaître et produire un certain nombre de mots (au moins une dizaine de milliers), c'est aussi, et peut-être surtout, connaître les règles de leurs combinaisons. Ce sont ces règles en plus des sons et des mots de la langue que l'enfant doit découvrir. Il y arrive généralement. Il s'agit d'un remarquable accomplissement. Songez que les règles en question ne lui sont, à aucun moment, directement enseignées. C'est en ce sens qu'on parle de *construction* du langage par l'enfant.

## Les trois aspects du développement du vocabulaire

Il est utile à ce stade de compléter notre information sur ce qu'est un *mot*. On verra mieux, à partir de là, comment procède le développement et comment il est possible d'y aider. Nous avons dit au chapitre précédent que chacun des mots qui constitue le vocabulaire d'une langue est une *séquence de sons* qui renvoie à un *morceau de la réalité* ou plutôt à l'*idée* que nous nous en faisons. Un mot est donc une *entité à double face*, un peu comme une pièce de monnaie, avec d'un côté les sons et de l'autre le sens. *Sons et sens sont associés*. On dit que cette association fonde le mot. Par exemple, l'association entre les sons *v-oi-t-u-r-e* et l'idée d'une voiture automobile fonde, en français, le mot *voiture*. Cette association est *conventionnelle*. La convention est partagée par les membres de la culture française et imposée aux nouveaux membres. De plus, elle est *arbitraire*. Il n'y a rien dans l'ordre naturel des choses qui oblige à appeler *voiture* le morceau de réalité en question. On pourrait l'appeler autrement. Les anglophones se tirent très bien d'affaire en nommant le même véhicule *car* (apparenté au français *char* ou *charriot*), les Slaves *avtomobil*, les Allemands *wagen* (pour charriot), les Espagnols *machina* (pour *machine*, c'est-à-dire transformateur d'énergie), et les Chinois *tchi tche* (pour moyen de transport à essence). Du fait que l'association entre la séquence de sons et le morceau de réalité est arbitraire et conventionnelle, il découle qu'elle doit être apprise. Chaque mot de la langue fait donc l'objet d'un apprentissage particulier.

Les sons qui entrent dans la composition des mots et leurs arrangements dans les mots font également l'objet d'un apprentissage. Nous verrons au chapitre suivant dans quel ordre ces sons apparaissent. Nous verrons également les simplifications que l'enfant leur fait subir lorsqu'il tente de les produire et de les combiner.

Nous avons parlé de « morceaux de réalité » auxquels sont associées certaines séquences de sons. Cela implique qu'on se soit mis d'accord sur un *découpage de la réalité* en entités séparées. Et c'est bien de cela qu'il s'agit. Nous avons tous en tête une définition plus ou moins précise des morceaux de réalité auxquels nous sommes convenus d'associer les séquences de sons. Une *table*, par exemple, est un meuble sur pied comportant une surface plane. Le nombre de pieds, la forme, la couleur, la décoration de la table, le matériau dans lequel elle est construite, son année de construction, l'endroit où elle se trouve importent peu ou pas du tout. Ce qui compte c'est qu'elle ait un ou plusieurs pieds et peut-être surtout qu'elle comporte une surface plane. Toutes les pièces de mobilier qui correspondent à cette définition sont susceptibles de recevoir le nom *table*. De même, le mot *père* désigne l'homme qui a engendré un ou plusieurs enfants. L'enfant doit apprendre pour chaque mot les critères qui définissent le contenu du mot. Cela lui prend du temps et de l'ingéniosité. Au début, et pendant tout un temps, les contenus que l'enfant fait correspondre aux étiquettes verbales ne correspondent que très impar-

# Introduction

Le langage est sans doute l'instrument le plus important créé par l'homme (la femme ?). Il favorise la communication. Il participe au fonctionnement de la pensée.

Créé à l'origine des temps, LE LANGAGE EST RECONSTRUIT A NEUF OU PRESQUE PAR CHAQUE ENFANT.

Que le langage s'acquière, voilà qui peut surprendre. On nous demande souvent : « Vous étudiez l'acquisition du langage; en quoi cela consiste-t-il ? » Sous-jacente à cette question est l'idée que le langage comme la marche ne s'apprend pas mais vient simplement à maturité avec le temps. Il n'en est rien. Il faut apprendre à reconnaître et à produire les sons de la langue, les combiner de façon à former des mots, et organiser les mots en phrases selon les règles propres à chaque langue. Par exemple, les combinaisons *voyelle + gh* n'entrent dans la composition d'aucun mot français. Elles sont à la base de la formation de nombreux mots anglais (*through*, qui veut dire *à travers*; *although* qui veut dire *quoique*; etc.). De même, pour la formation des phrases, certaines séquences non permises en français (par exemple, *Aime Pierre Marie*, au sens de *Pierre aime Marie*) sont des plus communes dans d'autres langues comme le russe (Lioubit Piotr Marinou). Parler une langue, ce n'est pas seulement pouvoir reconnaître et produire un certain nombre de mots (au moins une dizaine de milliers), c'est aussi, et peut-être surtout, connaître les règles de leurs combinaisons. Ce sont ces règles en plus des sons et des mots de la langue que l'enfant doit découvrir. Il y arrive généralement. Il s'agit d'un remarquable accomplissement. Songez que les règles en question ne lui sont, à aucun moment, directement enseignées. C'est en ce sens qu'on parle de *construction* du langage par l'enfant.

Mais le développement du langage est également lié à l'apprentissage de la communication. Communiquer, c'est reconnaître l'existence de l'autre. C'est mettre en commun et échanger. A un stade plus avancé, c'est prendre le point de vue d'autrui en considération. Lorsqu'apparaissent les premiers mots, au début de la seconde année, ils ont été précédés par plusieurs milliers d'épisodes de communication par gestes, sourires, mimiques, petits cris, gloussements, vocalisations, etc., intervenus entre l'enfant et son entourage. Le langage prend ses racines dans la relation entre l'enfant et ses parents. Là, où cette relation ne s'établit pas normalement, les troubles du langage sont fréquents. Une fois acquis, le langage vient enrichir et diversifier d'une façon extraordinaire les possibilités de communication entre personnes.

L'acquisition du langage implique l'apprentissage d'un répertoire de sons et de mots et la découverte d'un système de règles combinatoires. C'est aussi une affaire de relations entre personnes. Voilà bien les deux notions-clés dégagées par les études des dernières décennies.

# Chapitre 1
# La première année

On sous-estime habituellement l'importance de la première année pour le développement du langage. Le langage, entend-t-on, n'apparaît pas avant le début de la seconde année lorsque l'enfant produit ses premiers mots. C'est à la fois vrai et faux. Certes, la plupart des enfants prononcent leurs premiers mots entre 12 et 18 mois, mais les événements de la première année sont loin d'être indifférents. Les spécialistes en découvrent toute l'importance, étude après étude.

Que se passe-t-il pendant la première année qui soit pertinent au développement linguistique ? Essentiellement cinq choses.

Premièrement, l'enfant apprend de l'adulte les *mécanismes de base de la communication et de la conversation* à un niveau non verbal. Nous verrons plus loin en quoi ils consistent.

Deuxièmement, on passe progressivement d'une *forme globale de communication* entre l'enfant et son entourage, forme mettant en jeu les cris, les pleurs, les mouvements du corps tout entier, et l'expression faciale — pensez au bébé de quelques semaines menaçant de s'étouffer en pleurant pour être nourri — à une *forme hautement différenciée de communication* reposant principalement sur l'usage des mots — pensez à l'enfant de 18 mois campé devant l'adulte en articulant avec force « *bonbon* » sur le mode de la requête.

Le troisième point concerne les *connaissances* que le jeune enfant accumule sur le monde qui l'entoure. L'enfant en vient à concevoir que les personnes de son entourage et les objets sont dotés d'une certaine stabilité. On les retrouve semblables d'un jour à l'autre.

Dès qu'il a saisi que l'univers est fait d'entités relativement permanentes — habituellement entre 7 et 12 mois —, l'enfant est mentalement prêt à s'intéresser aux étiquettes verbales (les noms) que les adultes placent sur les personnes, les objets, et les événements. Vers la fin de la première année, l'enfant est généralement capable — et c'est là notre quatrième point — de *comprendre* un petit nombre de mots bien avant de pouvoir les produire : par exemple, *papa, maman, manger, bébé,* son propre prénom, *dodo.* Il est nécessaire, toutefois, de façon à pouvoir être compris par l'enfant, que ces mots soient articulés clairement, avec une tonalité légèrement forcée vers le haut, en s'adressant ostensiblement à l'enfant, et qu'ils soient produits dans le contexte approprié.

Cinquièmement, le *babillage* de l'enfant apparu spontanément dans les premiers mois à la suite des vagissements, des cris, et des pleurs se transforme graduellement en une activité articulatoire contrôlée. Elle va permettre à l'enfant, dès le début de la seconde année, de s'essayer à reproduire les mots entendus et particulièrement ceux dont il a déjà un début de compréhension.

Voyons plus en détail en quoi consistent ces différents épisodes de développement *auxquels les parents devraient accorder la plus grande attention parce qu'ils sont à la base du développement linguistique.*

### L'apprentissage de la communication et de la conversation

Bébé, dès la naissance, est bien équipé pour entrer dans le circuit de la communication. Il perçoit les sons et les bruits produits autour de lui, et notamment la voix humaine. Il peut tourner la tête vers la source sonore. Bébé peut crier, pleurer, et émettre certains bruits impliquant la langue et les lèvres. Sur le plan visuel, on a récemment montré que la distance à laquelle le nouveau-né voit le mieux est d'environ 20 centimètres, ce qui correspond à la distance entre les yeux de la mère et ceux de l'enfant lorsque celui-ci repose dans les bras maternels et prend le sein.

L'enfant prend pied, pour ainsi dire, dans un univers déjà organisé et généralement bienveillant à son égard. Il sera nourri et changé à intervalles réguliers. On lui tiendra activement compagnie pendant ses périodes de veille. On répondra à ses pleurs et à ses cris en tentant d'interpréter et de satisfaire les besoins et l'inconfort exprimés. La plupart des bruits, et surtout les bruits de bouche (rots, bruits de succion, mouvements des lèvres, claquements de langue), produits par l'enfant trouveront en la personne de l'adulte un auditoire ravi et tout disposé à répondre *(Qu'est-ce qu'il fait donc ce petit bébé-là ? Il fait du bruit avec sa petite bouche, du bruit, du bruit, du bruit, oui, oui, oui, oui, oui, il fait du bruit ! »)*

Une certaine structuration de l'environnement immédiat et l'attitude bienveillante et interprétative de l'adulte sont de la plus haute importance pour le développement de l'enfant en général et pour le développement de la communication en particulier. Le jeune enfant établit rapidement des points de repère dans ses routines quotidiennes et il y conforme adéquatement son comportement. Si vous avez, ami lecteur, amie lectrice, la curiosité et l'énergie suffisante pour aller vous poster quelques heures dans les couloirs d'une maternité, vous pourrez faire la constatation suivante. Un certain nombre de nourrissons parmi ceux que vous verrez transportés en petits lits mobiles de la salle de repos à la chambre de la mère lors des diverses tétées de la journée manifestent leur impatience et leur appétit en produisant à l'avance les mouvements de lèvres et les bruits de succion caractéristiques de la tétée. Ces enfants âgés de quelques jours, ont déjà saisi la relation entre le déplacement dans les couloirs de la clinique et l'allaitement au sein qui suit cet épisode.

De la même façon, bébé est rapidement en mesure d'établir que la plupart de ses cris et de ses pleurs déterminent, à condition d'être suffisamment sonores et de durer quelque peu, l'apparition de l'adulte, le chaud contact du corps et de la peau, le son rassurant de la parole, l'ingestion de lait désirée, et éventuellement la substitution d'une couche douce et sèche à celle humide et froide. Dès le second mois, l'enfant produit davantage de bruits et de sons en la présence qu'en l'absence de l'adulte. Ces observations indiquent que bébé a appris deux choses importantes. Premièrement, il a appris à *reconnaître son interlocuteur privilégié*, c'est-à-dire l'adulte de son entourage (sans distinction de sexe, d'âge, et d'apparence physique à ce stade). Deuxièmement, il a compris, à son niveau, que les gestes, les bruits, et les sons, de même que l'expression faciale ont à voir avec la *relation entre personnes* et peuvent être utilisés de façon à *obtenir quelque chose de l'autre* personne (par exemple, qu'elle s'approche et se mette à parler ou qu'elle soulage la faim ou l'inconfort). Dès ce moment, *bébé commence réellement à communiquer avec son entourage*. Il s'adresse à celui-ci lorsqu'il crie, pleure, et émet divers bruits et sons. Ce faisant, il poursuit un objectif qui est d'entrer en relation avec l'adulte et, le cas échéant, d'en obtenir quelque chose.

Il s'agit certes d'une communication rudimentaire. Elle va se développer dans les mois qui suivent. Dès le troisième mois, bébé peut suivre du regard les mouvements de la mère lorsqu'elle se déplace dans la pièce. Vers le cinquième mois, il est capable de suivre du regard la ligne du regard de la mère. Cette capacité ouvre de nouveaux horizons. Désormais, chaque fois que l'adulte parle en sa présence, bébé peut associer ce que l'adulte dit, et qu'il ne comprend pas encore, avec l'objet ou l'événement qui dirige le regard de l'adulte. L'enfant apprend ainsi qu'on peut émettre des bruits et des sons, produire des gestes, c'est-à-dire communiquer, non seulement pour appeler à l'aide ou s'assurer de la compagnie, mais encore à propos des personnes, des objets et des menus événements de l'existence. Le sujet des communications entre l'enfant et l'adulte s'en trouve considérablement élargi.

Bien sûr, c'est l'adulte qui prend, et de loin, la plus grande part dans l'échange. Le jeune enfant ne produit rien qui ressemble à des mots. Il ne peut rien comprendre du langage de l'adulte. Ce dernier n'en tient guère compte. Il parle à l'enfant et interprète les bruits et les sons produits par celui-ci comme ayant un sens et se rapportant à ce que l'enfant voit, entend, touche, et sent.

Le résultat à terme est que l'enfant en vient à saisir le rapport qui existe dans le parler de l'adulte entre certains objets, personnes, et événements, et certaines séquences de sons.

Au-delà de la simple communication, il y a la *conversation*. La conversation exige que les échanges entre partenaires s'organisent selon *un principe de succession et de réciprocité*. Chacun intervient à son tour et laisse ensuite l'initiative à l'interlocuteur. Vous êtes-vous demandé(e), ami lecteur, amie lectrice, comment il se produit aussi peu de collisions entre les piétons qui se croisent et se dépassent sur un trottoir ? La réponse est simple au moins en apparence. Il existe des règles implicites dans nos sociétés pour éviter de tels heurts (par exemple, tenir la droite du trottoir, éviter de s'arrêter brutalement, éviter de changer brusquement de direction). De même qu'il est souhaitable que les piétons évitent de se cogner les uns aux autres, il est essentiel que les interlocuteurs réduisent au minimum les collisions verbales (parler en même temps, se couper la parole) dans la conversation. L'organisation de la conversation entre adultes répond à des règles précises. De façon à ce qu'une conversation se déroule normalement, il convient que les deux interlocuteurs parlent à peu près au même rythme, prennent soin de se répondre et évitent de s'interrompre mutuellement. Cette dernière condition est réalisée si chacun des participants prend la parole à son tour et respecte le tour de parole de l'autre. Parmi les moyens utilisés par les adultes de façon à établir les tours de parole, on trouve la mélodie de la phrase surtout de sa partie terminale, les gestes, et les variations de hauteur tonale et d'intensité dans le discours. Par exemple, la voix qui s'élève ou qui s'abaisse en fin de phrase signale habituellement à l'interlocuteur que le moment est venu pour lui de répondre ou d'intervenir.

Le jeune enfant n'est pas en mesure de comprendre ou d'utiliser des indices aussi subtils. Cependant, on peut observer à partir du 9e mois, approximativement, un début d'organisation dans les « conversations » entre mère et enfant qui n'est plus seulement le fait de l'adulte. Bébé semble avoir appris quelque chose sur la prise de tours dans la conversation. Il tend, d'une part, à vocaliser pendant les intervalles laissés par la mère et, d'autre part, à espacer lui-même quelque peu ses vocalisations et à les raccourcir, le cas échéant, de façon à permettre à l'interlocuteur de « glisser son mot ».

### De la communication totale à la parole

Un second aspect du développement pendant la première année est la différenciation qui intervient dans la forme générale de la communication entre l'enfant et son entourage. Le tout jeune enfant communique avec l'ensemble des moyens à sa disposition : les mouvements du corps et des membres, l'expression de la face et du regard, les cris et les pleurs, les bruits et les sons qu'il peut produire. Malgré la diversité des moyens utilisés la communication reste peu précise, proche de la simple expression. L'entourage doit deviner ce qui motive l'enfant à se manifester. Une forme de communication se détache graduellement sur cette toile de fond : la communication au moyen des bruits et des sons produits au niveau de la bouche et du nez. Bébé entend les sons et les bruits produits autour de lui. Il entend également ses propres productions sonores. Il comprend que le monde des bruits et des sons est intimement lié à celui des personnes et qu'on peut en tirer avantage pour obtenir certains services et prévoir le comportement des autres personnes (par exemple, l'arrivée de la mère dans la chambre, la rentrée du père à la maison, la préparation du biberon et de la panade). Dès lors, le mode vocal prend le dessus dans la communication avec l'adulte aidé du geste le cas échéant.

A partir de 7 ou 8 mois, bébé effectue un nouveau pas en avant dans l'analyse des messages sonores. Il prête davantage attention à la *mélodie des séquences de sons* qui lui sont adressées et devient capable de distinguer les bonnes mélodies des moins bonnes. Les bonnes mélodies sont celles qui annoncent de bonnes choses, par exemple la bonne humeur et les dispositions favorables de l'adulte. Les mauvaises mélodies ne présagent généralement rien de bon. A ce stade, on peut faire l'expérience suivante : s'approcher de l'enfant et lui murmurer sur un ton ravi et engageant *« Voilà un très méchant petit enfant qui sera privé de panade »* ; la phrase a toutes les chances de déclencher le sourire; inversément, une louable intention exprimée sur un ton de colère risque fort de provoquer les pleurs.

C'est donc par le biais de la mélodie de la phrase, ou plus techniquement dit par le biais de la *courbe intonatoire* de l'énoncé, que l'enfant pénètre la signification du langage. Vers 9 ou 10 mois, bébé se met à tenter de reproduire les contours intonatoires du langage qu'il entend autour de lui. Les parents ont souvent l'impression à ce moment que le babillage de l'enfant a quelque chose en commun avec la mélodie de la conversation. La voix monte, se stabilise et redescend, monte, se stabilise et redescend de nouveau.

La mélodie du langage est très importante pour le jeune enfant. Elle le restera longtemps encore. Nous verrons plus loin que lorsque l'enfant commence à produire ses premiers mots dans le courant de la seconde année, il en vient vite à se servir de l'intonation pour signifier à l'entourage que le mot en question doit être pris comme *un ordre, une requête, un appel à l'aide* (*« papa »* sur le mode d'appel), comme une question (*« papa ? »* avec intonation montante sur la dernière syllabe, par exemple au sens de *« Est-ce papa qui revient ? »*), ou comme une *simple constatation* (*« papa »*, avec intonation stationnaire, au sens de *« Ça, c'est papa »*).

Bébé dispose maintenant d'un début de compréhension des caractéristiques mélodiques du langage. Les progrès suivants vont lui permettre de dépasser cette approche globale du sens de l'énoncé au profit d'une première et grossière saisie du sens de quelques mots fréquemment entendus autour de lui après quoi il sera prêt à essayer de les reproduire.

## Les connaissances du jeune enfant sur le monde environnant

Il nous est difficile d'imaginer comment le monde qui l'entoure peut apparaître au nouveau-né et au très jeune enfant. Le très jeune enfant n'a aucune conscience de lui-même ni de son identité. Il vit le monde autour de lui comme un flot continu d'images, de bruits, d'odeurs, de contacts personnels, et de sensations viscérales de confort et d'inconfort. L'enfant se trouve rapidement des points de repère dans ce flux de stimulations. Les adultes familiers, et surtout la mère, se détachent progressivement sur la toile de fond du changement et composent les premières figures stables et donc rassurantes du monde de l'enfant. Les routines quotidiennes (l'allaitement ou le biberon, le changement de couche, le bain ou la toilette, la promenade, le contexte du berceau le jour et les faces souriantes et sonores perchées tout autour, le berceau la nuit et le silence noir de la solitude) permettent à l'enfant d'anticiper un événement suivant à partir de l'événement qui précède. Elles sont de la plus haute importance.

Vers le 5ᵉ mois, parfois plus tôt, bébé donne des signes stables d'attachement à la mère ou à l'adulte avec lequel il est le plus familier. La reconnaissance des autres personnes de la famille suit avec un peu de retard. Bébé accepte difficilement le départ ou la séparation d'avec la mère particulièrement si l'endroit n'est pas familier. La présence de la mère par contre l'incite à explorer un milieu nouveau ou inhabituel. Peu de temps après, les premières peurs de l'adulte non familier apparaissent alors que l'enfant avait fort bien toléré jusque là l'arrivée et la présence de personnes étrangères.

De la même façon qu'il apprend à reconnaître les personnes familières, bébé en vient à attribuer aux objets autour de lui une certaine permanence. Avant environ 6 mois, un jouet perdu de vue ne fait l'objet d'aucune recherche ni d'aucune poursuite. *« Loin des yeux, loin de l'esprit »* est l'adage qui prévaut à ce stade. A partir de 6 ou 7 mois, un début de recherche intervient. Mais ce n'est pas avant 8, 9, ou 10 mois, qu'un objet familier et désiré, caché derrière un coussin par exemple, sera recherché activement et avec conviction, la conviction que l'objet existe quelque part et donc qu'on peut le retrouver.

On en conclut que c'est dans la seconde partie de la première année que bébé se construit un monde d'entités stables. Il est alors mentalement prêt à commencer à comprendre la relation qui existe entre certains groupes de sons (les *mots*) et ces entités de l'environnement.

## Une première compréhension des mots familiers

Voulez-vous réfléchir un instant, ami lecteur, amie lectrice, sur le *lien* qui fonde chacun des milliers de mots qui composent le vocabulaire de notre langue (et celui de toutes les autres langues). Un *mot* est une séquence de sons, c'est-à-dire une série de sons produits dans un ordre déterminé, qui renvoie à un *« morceau »* de la réalité ou plutôt à l'*idée* que nous en avons (Figure 1).

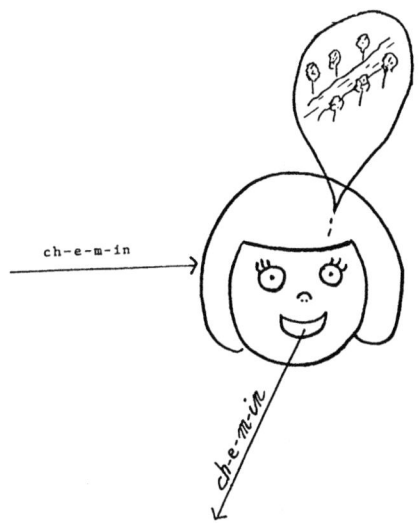

*Figure 1. De la séquence de sons à l'idée et de l'idée à la séquence de sons*

Le mot *« chemin »* est fait des sons suivants: la consonne *ch-*, la voyelle *e-*, la consonne *m-* et la voyelle *in* (négligeons ici l'écriture, si vous le permettez), *ch-e-m-in*. L'ordre dans lequel les sons se succèdent est important. *E-ch-in-m*, ch-in-m-e, ou in-e-m-ch ne pourraient réussir, dans notre langue, à susciter l'idée d'*« une bande de terrain qui permet d'aller d'un endroit à un autre »*.

De façon à comprendre le sens d'un mot, il est nécessaire de reconnaître la séquence de sons en question sans la confondre avec une autre séquence et de connaître le lien qui existe entre la séquence de sons et l'idée. Pour produire le même mot, en en assumant le sens, il faut faire la démarche en sens inverse: partir de l'idée *« bande de terrain qui permet de se rendre d'un endroit à un autre »* et activer la séquence de sons *ch-e-m-in*.

A partir du moment où l'enfant reconnaît aux personnes et aux objets familiers de l'environnement une certaine stabilité, le terrain est préparé pour saisir le lien qui existe entre ces entités et certaines séquences de sons souvent produites en présence de l'enfant comme *« maman »*, *« papa »*, *« mammy »*, *« papy »*, *« dodo »*, le prénom de l'enfant, *« manger »*, *« voiture »*, *« bébé »*. La compréhension que le jeune enfant peut avoir de ces mots est évidemment grossière et ne peut se comparer à celle de l'adulte ou d'un enfant un peu plus âgé. Mais on peut s'assurer, vers la fin de la première année, qu'un début de compréhension existe en observant les réactions de l'enfant lorsque les mots familiers sont prononcés à voix haute et claire et de préférence avec une intonation légèrement forcée vers le haut.

D'un début de compréhension de certains mots à une tentative de les reproduire en tout ou en partie, le chemin n'est plus si long. Il passe par le contrôle des organes de l'articulation, c'est-à-dire le larynx, l'arrière-bouche, le voile du palais, la langue, et les lèvres, sans oublier la mobilisation de la pompe à air que constituent les poumons et les muscles de la respiration. Le contrôle du fonctionnement de ces organes est préparé de longue date par les activités de babillage.

**L'évolution du babillage de l'enfant**

Les vocalisations produites par bébé pendant les premiers mois consistent surtout en pleurs, en cris, et en divers bruits réalisés au hasard pendant qu'il boit, suce, ou avale. Ces vocalisations sont peu différenciées. Elles sont pour la plupart de nature indistincte et réflexe. On les observe chez l'enfant sourd profond de naissance qui pourtant ne peut s'entendre.

Dès le troisième mois, l'adulte familier est généralement capable de distinguer les pleurs et les cris de l'enfant selon la raison qui détermine : faim, douleur, inconfort.

Pleurer et crier est important pour le jeune enfant. Sans doute, y a-t-il quelque désagrément pour les parents, mais pensez que les pleurs permettent à l'enfant de sentir le flux de l'air passer à travers sa gorge, sa bouche, et son nez. De plus, pleurer avec force exige une coordination de la respiration qui prépare directement la production des sons. L'enfant découvre les effets que le changement de place des organes de la bouche et du pharynx ont sur les sons et les bruits produits notamment en ce qui concerne la hauteur et l'intensité. Il apprend à mouvoir la langue vers l'avant, l'arrière, le haut, et le bas de la bouche.

Vers trois ou quatre mois, commencent à être produits des sons et des bruits qui ressemblent de près ou de loin aux voyelles et aux consonnes. L'enfant a atteint le stade du *babillage*. Les sons du type voyelle, plus ou moins prolongés, sont les plus nombreux au début (« eeeh », « aaah », « oooh », « aooh », « eeaaeh », « eeooh », etc.). Ceci est dû au fait que les voyelles sont plus faciles à produire que les consonnes. Celles-ci nécessitent, en effet, de délicats mouvements de la langue et des lèvres. Les premiers sons ressemblant à des consonnes apparaissent ensuite (« brr », « ghrr », « rrr »). Vers 7 ou 8 mois, bébé commence à combiner consonnes et voyelles. Les effets ainsi obtenus ressemblent aux syllabes du langage mais prononcées de façon très imprécise (« ya », « ye », « yo », « khooga », « beepii », « magh », etc.). Bien qu'on puisse y reconnaître les principaux sons de la langue (les voyelles et les consonnes p, b, d, t, k, g, r, h, m), le babillage de l'enfant contient aussi une foule de sons qui n'ont rien à voir avec la langue parlée autour de lui (supposons qu'il s'agisse du français), par exemple, « *tsss* », « *dzz* », « *djj* », « *tch* », « *th* », etc. On a rapporté que le jeune enfant produit de temps à autre des sons en même temps qu'il inspire de l'air par la bouche alors que les sons dans la quasi-totalité des langues du monde sont produits uniquement à l'expiration. On a dit aussi que l'enfant à ce stade est *polyglotte en puissance* au sens où il est possible de trouver dans son babil à peu près n'importe quel type de son. C'est évidemment une façon de parler. L'enfant, au stade du babillage, n'est nullement concerné par la langue parlée autour de lui. Il l'ignore complètement. Le babillage constitue une espèce de *gymnastique vocale* qui permet d'explorer toutes les possibilités de l'appareil articulatoire tout en exerçant l'oreille à distinguer les sons produits. Toutefois, le véritable apprentissage des sons caractéristiques de la langue (la série des voyelles et surtout des consonnes du français) et leurs combinaisons ne commence qu'avec la production des premiers mots.

Vers la fin de la première année, le babillage de l'enfant gagne en *clarté* et en *précision*. Il est plus facile d'identifier les séries de sons produites. Les vocalisations sont plus courtes et plus nombreuses. Le contrôle de la respiration est meilleur. On entend les premières répétitions intentionnelles («*a*», «*za*», «*a*», «*a*», «*a*», «*a*», «*pap*», «*ee*»). C'est une nouvelle et importante étape. L'enfant peut se répéter. Cela signifie que l'oreille et les organes de l'articulation travaillent désormais en étroite collaboration. Bébé produit des sons. Certains lui plaisent particulièrement. Il s'essaye et réussit à les reproduire. Une autre activité observée à cet âge consiste à faire des espèces de «gammes articulatoires» («*pa*», «*pe*», «*pu*», «*po*», «*pa*», «*pi*», etc.) maintenant la consonne constante mais faisant varier la voyelle et inversement («ka», «pa», «ta», «ta», «ma», «pa», etc.). C'est aussi le moment, rappelez-vous, où bébé commence à reproduire les intonations caractéristiques des conversations entre adultes.

Dès lors, le temps du premier mot ou de ce que les parents voudront considérer comme tel n'est plus éloigné.

---

## POINTS DE REPERE

Votre enfant devrait être capable de faire ce qui suit aux âges approximatifs indiqués ci-dessous :

*Dès les jours qui suivent la naissance :*
- réagir aux bruits environnants lorsqu'il est éveillé ;
- pleurer et crier.

*Dès les premières semaines :*
- roter, émettre des bruits de succion, mouvoir les lèvres, et faire claquer la langue.

*3ᵉ et 4ᵉ mois :*
- les cris et les pleurs sont différents selon la raison qui les détermine (faim, douleur, inconfort);
- suivre des yeux les mouvements de l'adulte;
- tourner la tête et les yeux vers la source du son;
- début du babillage.

*5ᵉ et 6ᵉ mois :*
- répondre vocalement si stimulé;
- vocaliser en public et en privé;
- suivre des yeux le regard de l'adulte.

*7ᵉ et 8ᵉ mois :*
- reconnaître les adultes familiers;
- peur de l'étranger apparaît;
- le babillage comprend des sons proches des voyelles et des consonnes du langage adulte;
- réagir à la mélodie du langage entendu.

*9ᵉ et 10ᵉ mois :*
- pré-conversation : vocaliser davantage dans les intervalles laissés libres par l'adulte et tendre à espacer et à raccourcir les vocalisations pour laisser place à la réponse de l'adulte;
- rechercher un objet intéressant qu'on a caché en pleine vue de l'enfant;
- le babillage reproduit la mélodie des conversations entre adultes.

*11ᵉ et 12ᵉ mois :*
- comprendre globalement quelques mots familiers (par exemple, *« maman »*, *« papa »*, *« bébé »*, *« dodo »*);
- vocalisations plus précises et mieux contrôlées pour la hauteur tonale et l'intensité; groupement des sons en syllabes; sons et syllabes répétés à volonté.

## CONSEILS AUX PARENTS

Votre enfant, au cours de la première année, apprend à communiquer à un niveau pré-linguistique. L'essentiel est donc pour vous de faciliter cet apprentissage autant que possible. Comment ?

**1. En communiquant activement avec votre enfant dès le premier jour**

Trop de parents croient qu'il n'y a aucune utilité à interagir avec un nourrisson sauf pour satisfaire ses besoins élémentaires et le maintenir en état de propreté. A quoi bon lui parler ? Il ne peut de toute façon comprendre ce qu'on lui dit. Profonde erreur. Certes, le jeune enfant ne peut comprendre le sens des mots qui lui sont adressés. Mais le langage et son développement ne sont pas affaire de tout ou rien. Le langage se construit. Il émerge graduellement de la communication non verbale entre l'enfant et son entourage. Plus cette communication est riche, plus le développement psychologique et linguistique de l'enfant a toutes les chances d'être harmonieux. On ne saurait trop insister sur l'importance qu'il y a à entrer en contact d'emblée avec le jeune enfant et par tous les moyens : en s'adressant à lui, en le touchant, en favorisant le contact cutané (essentiel pour l'enfant), en lui parlant mélodieusement et en variant l'intonation, en lui présentant de face un visage souriant et mobile. Il est important que le nouveau-né pénètre aussi rapidement que possible dans le cercle de la communication entre personnes.

Malheureusement, les pratiques de la plupart des maternités ne sont guère favorables à ce point de vue. Y prévaut, le plus souvent, la discipline suivante : dès sa venue au monde, l'enfant est soustrait à sa mère et confié à une infirmière. On lui prend ses empreintes digitales de façon à éviter toute confusion. Il est rapidement langé pour éviter qu'il ne prenne froid et rapporté à la mère pour quelques minutes ou simplement présenté. L'infirmière transporte ensuite l'enfant à la section des nouveaux-nés où il est lavé, pesé, langé de nouveau, placé dans un berceau, et laissé seul malgré ses cris et ses pleurs jusqu'au moment de la première tétée. Il est alors transporté auprès de la mère pour une demi-heure ou une heure, de nouveau ramené à la section des nouveaux-nés et laissé seul jusqu'aux prochains soins. La procédure est hygiénique, efficace, et commode pour l'organisation de la maternité mais elle ne répond nullement aux besoins psychologiques de l'enfant et de la mère.

Immédiatement après un accouchement normal et sans anesthésie, le nouveau-né est parfaitement alerte. Il entend, il voit, il referme la main sur le doigt placé sur la paume de sa main. Si on lui touche légèrement le coin de la bouche, il tourne la tête de ce côté et cherche à sucer. *La personne dont il a le plus besoin à ce stade est la mère.* Il est habitué de longue date au rythme cardiaque de celle-ci. Elle a des yeux à fixer, une peau douce et un corps pour le réchauffer, des seins gonflés de lait à sucer. Paradoxalement, c'est ce moment que l'on choisit pour soustraire le bébé à la mère et pour le confier à une personne étrangère, dûment vêtue, et indifférente aux besoins psychologiques du nouveau-né.

De nombreux psychologues croient maintenant que non seulement les premières années mais aussi les premiers jours et les premières heures de l'enfant sont d'une grande importance pour la suite de son développement. Un petit nombre de maternités avant-gardistes permettent aux mères de recevoir et de conserver leur enfant dans les heures qui suivent l'accouchement dès que l'enfant a été lavé et identifié. Dans les jours qui suivent, les mères ont la possibilité de passer jusqu'à six heures par jour en contact étroit avec le bébé.

Les bénéfices pour le développement de l'enfant semblent être importants. Le lien affectif entre la mère et l'enfant se solidifie rapidement. Le développement de la communication chez l'enfant s'en trouve favorisé. On rapporte même des différences notables en termes de quotient intellectuel et de score aux tests de langage *à cinq ans* chez les enfants dont les premières heures et les premiers jours se sont passés en contact étroit avec la mère par opposition aux enfants traités de façon traditionnelle.

Il existe des avantages pour la mère également. On a montré récemment que les cris et les pleurs du nouveau-né déterminent un apport de sang au niveau des seins lequel stimule l'allaitement. De plus, le contact du bébé avec le sein maternel contribue à déterminer la production d'une hormone qui favorise la réduction des écoulements sanguins chez la mère.

La morale de cette digression dont nous vous prions d'excuser la longueur, amie lectrice, ami lecteur, mais que nous croyons très importante, est la suivante : « Futurs parents, agissez et unissez-vous de façon à faire entrer la dimension psychologique du développement du nouveau-né à la maternité; médecins, infirmières, infirmiers, administrateurs de maternité, prenez conscience du problème et tolérez qu'un changement intervienne dans la pratique traditionnelle des maternités, changement susceptible de compliquer votre tâche un tant soit peu mais riche de significations pour l'enfant et sa famille».

## 2. En répondant généreusement aux cris et aux pleurs de l'enfant

Dissipez vos craintes d'installer de «mauvaises habitudes» chez l'enfant. Il est important que votre enfant réalise rapidement l'usage qu'il peut faire (et que nous faisons tous) de l'expression vocale et gestuelle pour communiquer avec l'entourage. L'adulte doit favoriser cet apprentissage en se mettant à la disposition de l'enfant dans des limites raisonnables. L'expression vocale et plus tard le jeu vocal doivent être récompensés aussi souvent que possible. Plus vite l'enfant aura saisi le parti qu'il peut en tirer et plus il ira bon train vers des formes de communication plus élaborées.

## 3. En organisant la vie de votre enfant selon une souple routine journalière

Il est souhaitable que l'environnement immédiat du jeune enfant soit *relativement stable*, en termes de personnes, d'objets, et d'événements. Ceci n'exclut pas les sorties et l'apport de nouveautés. Mais si on veut que l'enfant puisse sans trop de difficultés se donner des points de repère dans son existence et dans son environnement, il convient de lui proposer une certaine routine journalière. Une telle routine est génératrice de sécurité et de joie pour l'enfant qui peut ainsi non seulement vivre le moment présent mais bientôt anticiper sur le cours des événements, c'est-à-dire prévoir.

## 4. En stimulant verbalement et vocalement votre enfant

Il faut parler à l'enfant, beaucoup lui parler. A l'occasion, on peut lui renvoyer ses propres vocalisations en en faisant varier la hauteur, l'intensité, et la courbe mélodique. En alternance avec des périodes de stimulation à la communication, on saura aussi laisser l'enfant vocaliser seul pendant de longs moments de façon à le laisser exploiter librement toutes les possibilités du jeu et de la création vocale. Dans le dernier tiers de la première année, on favorisera l'organisation de la «conversation» en prises de paroles successives et rapprochées en verbalisant dans les intervalles laissés libres par l'enfant et en le stimulant à intervenir à son tour.

## 5. En favorisant la compréhension des mots familiers

Vers la fin de la première année, on favorisera la compréhension de quelques mots familiers en établissant aussi clairement que possible devant l'enfant la relation entre le mot et l'objet, la personne, ou l'événement désigné. Il est important de faire varier le contexte. Le jeune enfant ne peut savoir au départ que le mot *maman* désigne la mère aussi bien lorsqu'elle se trouve dans la chambre que lorsqu'elle s'affaire à la cuisine. On veillera à articuler clairement les mots en question dans des situations sans équivoque, et en s'aidant éventuellement de gestes de façon à favoriser la saisie du lien entre le mot et la personne, l'objet, ou l'événement.

# Chapitre 2
# Les premiers mots et les autres

Votre enfant a maintenant entre 12 et 15 mois. Vous avez cru détecter à quelques reprises une configuration sonore familière dans ses productions vocales. Vous y avez réagi avec émerveillement, répétant le mot plusieurs fois à l'enfant et tentant de le lui faire dire encore.

La plupart des enfants produisent leurs premiers mots entre 9 et 18 mois. Un retard marqué dans l'apparition des premiers mots au-delà de 18 mois, surtout s'il se double d'un manque d'intérêt pour le langage entendu, est souvent l'indication d'un sérieux problème auditif, mental ou physique.

Une question qu'on nous pose souvent est celle de savoir s'il existe une relation entre l'âge des premiers mots et des premiers énoncés à plusieurs mots et le futur développement intellectuel de l'enfant. A notre connaissance, une telle relation n'est pas établie. Une étude déjà ancienne du grand psychologue Terman en suggère la possibilité toutefois. Terman avait découvert que certains enfants très doués intellectuellement à l'âge scolaire avaient prononcé leurs premiers mots vers 9 ou 10 mois. Mais il ne semble pas que ce soit toujours le cas. Par contre, il est établi qu'il n'y a pas de différence notable entre filles et garçons quant aux âges moyens d'apparition des premiers mots.

Les premiers mots prononcés par les enfants correspondent assez bien d'une langue à l'autre. On trouve souvent l'équivalent des mots suivants, fournis dans leur forme française approximative: *papa, mama, dodo, no (non)*, le prénom de l'enfant, *auto (voiture), (a)voir (au revoir), tôt (tantôt), wouwou (chien), ta* ou *ya* (ou quelque chose d'approchant) pour *ça* ou *là* avec geste ou ébauche de geste en direction de l'objet, *tita (tic-tac)*, pour *montre* ou *horloge)*, et diverses onomatopées qui renvoient à des bruits familiers.

## Les trois aspects du développement du vocabulaire

Il est utile à ce stade de compléter notre information sur ce qu'est un *mot*. On verra mieux, à partir de là, comment procède le développement et comment il est possible d'y aider. Nous avons dit au chapitre précédent que chacun des mots qui constitue le vocabulaire d'une langue est une *séquence de sons* qui renvoie à un *morceau de la réalité* ou plutôt à l'*idée* que nous nous en faisons. Un mot est donc une *entité à double face*, un peu comme une pièce de monnaie, avec d'un côté les sons et de l'autre le sens. *Sons et sens sont associés*. On dit que cette association fonde le mot. Par exemple, l'association entre les sons *v-oi-t-u-r-e* et l'idée d'une voiture automobile fonde, en français, le mot *voiture*. Cette association est *conventionnelle*. La convention est partagée par les membres de la culture française et imposée aux nouveaux membres. De plus, elle est *arbitraire*. Il n'y a rien dans l'ordre naturel des choses qui oblige à appeler *voiture* le morceau de réalité en question. On pourrait l'appeler autrement. Les anglophones se tirent très bien d'affaire en nommant le même véhicule *car* (apparenté au français *char* ou *charriot*), les Slaves *avtomobil*, les Allemands *wagen* (pour charriot), les Espagnols *machina* (pour *machine*, c'est-à-dire transformateur d'énergie), et les Chinois *tchi tche* (pour moyen de transport à essence). Du fait que l'association entre la séquence de sons et le morceau de réalité est arbitraire et conventionnelle, il découle qu'elle doit être apprise. Chaque mot de la langue fait donc l'objet d'un apprentissage particulier.

Les sons qui entrent dans la composition des mots et leurs arrangements dans les mots font également l'objet d'un apprentissage. Nous verrons au chapitre suivant dans quel ordre ces sons apparaissent. Nous verrons également les simplifications que l'enfant leur fait subir lorsqu'il tente de les produire et de les combiner.

Nous avons parlé de « morceaux de réalité » auxquels sont associées certaines séquences de sons. Cela implique qu'on se soit mis d'accord sur un *découpage de la réalité* en entités séparées. Et c'est bien de cela qu'il s'agit. Nous avons tous en tête une définition plus ou moins précise des morceaux de réalité auxquels nous sommes convenus d'associer les séquences de sons. Une *table*, par exemple, est un meuble sur pied comportant une surface plane. Le nombre de pieds, la forme, la couleur, la décoration de la table, le matériau dans lequel elle est construite, son année de construction, l'endroit où elle se trouve importent peu ou pas du tout. Ce qui compte c'est qu'elle ait un ou plusieurs pieds et peut-être surtout qu'elle comporte une surface plane. Toutes les pièces de mobilier qui correspondent à cette définition sont susceptibles de recevoir le nom *table*. De même, le mot *père* désigne l'homme qui a engendré un ou plusieurs enfants. L'enfant doit apprendre pour chaque mot les critères qui définissent le contenu du mot. Cela lui prend du temps et de l'ingéniosité. Au début, et pendant tout un temps, les contenus que l'enfant fait correspondre aux étiquettes verbales ne correspondent que très imparfaitement aux contenus des adultes. Les premières significations attachées par l'enfant au terme *papa* ne correspondent pas à la définition de l'adulte. *Papa* signifie à peu près *adulte (mâle) familier* pour le jeune enfant. En conséquence, l'enfant désignera de ce nom les parents et amis de la famille qui se conforment à cette définition. Voilà qui ne devrait pas chagriner outre mesure les pères instruits de la façon dont procède le développement du vocabulaire chez l'enfant. Il n'y a là aucune erreur de la part de l'enfant à strictement parler. L'extension du terme *papa* à divers adultes familiers est en accord avec la signification que l'enfant lui attribue à ce stade. Plus tard, l'enfant restreint l'appellation *papa* à l'adulte qui vit en contact étroit avec lui et avec la mère. Ce n'est pas avant l'adolescence, habituellement, que le concept biologique de paternité est compris et entre dans la signification du terme *père*. Le sens attaché aux mots *frère* et *sœur* fait également l'objet d'un long développement. Un *frère* pour le jeune enfant c'est un autre enfant qui vit sous le même toit. C'est ensuite un autre enfant mâle qui a les mêmes parents. Toutefois, ce n'est pas avant 9 ou 10 ans que l'idée de réciprocité est intégrée au sens des mots *frère* ou *sœur* (on est toujours le frère de son frère, le frère de sa sœur, la sœur de sa sœur, ou la sœur de son frère). Un développement graduel de ce type n'est pas spécifique aux termes de parenté. Un autre exemple en fera saisir la portée générale. Il est connu que le jeune enfant tend pendant un temps plus ou moins long à appliquer l'étiquette de « *chien* » ou « *wouwou* » non seulement aux chiens mais à tous les animaux et même à des mobiles capables de se déplacer seuls. Le contenu que l'enfant fait correspondre au terme « *wou-wou* » est différent du concept qui sous-tend l'usage adulte du mot *chien*. L'enfant peut n'avoir identifié que quelques-unes des caractéristiques qui régissent l'usage adulte du mot *chien* : par exemple, le *wou-wou* est un être animé, il se meut de lui-même et se déplace parallèlement au sol. Armé d'une telle définition, l'enfant applique normalement l'appellation *wou-wou* aux chiens, aux chats, aux vaches, aux chevaux, et même aux voitures en mouvement. L'enfant ajoute graduellement de nouveaux éléments à sa définition du *wou-wou* jusqu'à rejoindre celle de l'adulte: un *wou-wou* aboie, a quatre pattes, mord, mange de la viande, est de taille relativement inférieure, etc. Dès lors, le terme est restreint aux chiens tandis que de nouvelles étiquettes verbales *deviennent nécessaires* pour désigner les autres entités regroupées jusque là sous la même appellation. *L'enfant acquiert donc le sens des mots bribe par bribe.* Mais ce n'est pas avant relativement tard dans le développement qu'on pourra être à peu près sûr que l'enfant et l'adulte qui utilisent les mêmes mots parlent exactement de la même chose.

*L'acquisition des mots qui constituent le vocabulaire de la langue comporte donc un triple aspect. Premièrement,* l'association entre la séquence de sons et l'idée doit être apprise individuellement pour chaque mot. Il convient pour ce faire que l'enfant soit mis en présence, simultanément et à plusieurs reprises, de la personne, de l'objet, ou de l'événement désigné et qu'il entende la séquence de sons qui y renvoie. *Deuxièmement,* l'enfant doit apprendre à reproduire aussi précisément que possible les sons qui entrent dans la composition du mot et l'ordre exact dans lequel ils doivent être prononcés. *Troisièmement,* les contenus des mots font l'objet d'une longue élaboration par accumulation de bribes de signification selon les expériences successives de l'enfant avec le monde qui l'entoure. Au terme de cette évolution, le sens des mots utilisés par l'enfant correspond à celui du vocabulaire de la langue adulte.

## Le nombre de mots compris et produits aux différents âges

On estime qu'un enfant de 12 mois *comprend* environ 3 mots différents. Vers 15 et 20 mois, on passe à une vingtaine de mots, soit un développement relativement lent. Le développement est beaucoup plus rapide ensuite : une centaine de mots à 21 ou 22 mois, 250 mots à deux ans, 450 mots à deux ans et demi, 900 mots à trois ans, 1200 mots à trois ans et demi, etc. Le Tableau 1, donne le détail de cette progression. Entre 20 mois et 6 ans, le taux d'accroissement du vocabulaire est étonnant : environ un mot et demi par *jour*. Le développement du vocabulaire ne s'arrête évidemment pas à 6 ans. On estime que le vocabulaire de compréhension d'un adulte cultivé varie entre 20.000 et 40.000 mots.

LE DEVELOPPEMENT DU VOCABULAIRE

| Age | Nombre de mots | Accroissement |
|---|---|---|
| 10 mois | 1 | |
| 12 mois | 3 | 2 |
| 15 mois | 19 | 16 |
| 19 mois | 22 | 3 |
| 21 mois | 118 | 96 |
| 2 ans | 272 | 154 |
| 2 ans et demi | 446 | 174 |
| 3 ans | 896 | 450 |
| 3 ans et demi | 1222 | 326 |
| 4 ans | 1540 | 318 |
| 4 ans et demi | 1870 | 330 |
| 5 ans | 2072 | 202 |
| 5 ans et demi | 2289 | 217 |
| 6 ans | 2562 | 273 |

*Tableau 1. Nombre de mots compris par l'enfant selon l'âge.*

Il est infiniment plus malaisé d'évaluer le nombre de mots différents que les enfants peuvent *produire* aux différents âges. Une telle estimation impliquerait qu'on enregistrât toutes les productions de l'enfant 24 heures par jour pendant plusieurs semaines. Sans aller jusque là, on estime généralement que le vocabulaire de production est inférieur de moitié environ au vocabulaire de compréhension. Armé de cet indice, on se reportera au Tableau 1 pour une indication sur le nombre approximatif de mots produits par les enfants aux différents âges. Il faut se rappeler, en consultant le Tableau 1, que les nombres indiqués sont des moyennes obtenues à partir de groupes d'enfants. Ils peuvent être incorrects dans tel ou tel cas particulier.

On ne s'explique pas clairement les raisons du « boum » qui intervient dans l'accroissement du vocabulaire de l'enfant à partir de 18 ou 20 mois en moyenne. Nous verrons plus loin que c'est approximativement à cet âge que l'enfant entreprend de combiner deux et puis plusieurs mots dans le même énoncé. Est-ce que l'exercice de cette nouvelle capacité entraîne une forte demande de mots amenant une accélération dans le développement du vocabulaire ? On ne peut en être sûr actuellement. Il est possible aussi que l'enfant commence à généraliser à ce moment la règle selon laquelle chaque aspect de l'environnement a un nom. Il s'ensuivrait une certaine curiosité de découvrir le nom des choses d'où le développement accéléré du vocabulaire. On a noté que la période des questions adressées à l'adulte concernant le nom des choses, commence vers deux ans. Il y a sans doute plus qu'une série de coïncidences entre ces observations et l'accroissement marqué du vocabulaire à partir de 20 mois.

## Les mots-phrases

Dès qu'il connaît quelques mots, l'enfant s'en sert non seulement pour désigner nommément telle chose ou telle personne mais encore pour *exprimer en un seul mot de véritables petites phrases*. Par exemple, apercevant une voiture vide stationnée le long du trottoir et la désignant du geste, un enfant de quinze mois s'écrie *« papa »*. Le père est au travail. Il ne peut être question de lui directement. D'autre part, l'enfant connaît et utilise habituellement le mot qui désigne les voitures (par exemple, *« tauto »*). Enfin, la voiture en question ressemble à la voiture familiale. Il y a fort à parier que ce que l'enfant a voulu communiquer en disant *« papa »* est quelque chose comme *« C'est (voici) la voiture de papa »*, soit une petite phrase exprimant un rapport de possession entre le père et la voiture. On dit que l'enfant est au stade du *mot-phrase*. Un certain nombre de mots parmi ceux qu'il produit sont en fait de petites phrases qui expriment en résumé les connaissances accumulées sur les choses. Les choses ont souvent un *possesseur* : il y a les objets qui appartiennent à *maman*, ceux qui appartiennent à *papa*, et ceux qui appartiennent à *bébé* (*« à ma »*). Les choses ont une *location* habituelle (par exemple, la voiture de papa fait *« dodo »* au garage pendant la nuit, les jouets de *« bébé »* sont rangés dans la boîte à jouets, le téléphone sonne toujours dans le même coin). Les choses disparaissent (*« apu »*), et réapparaissent (*« encor »*). Elles ont certaines propriétés (*« tau »* — *« chaud »* — comme la tasse de café et la soupe; *froid* comme la glace et l'intérieur du frigidaire). Donnez-vous la peine, ami lecteur, amie lectrice, de noter mentalement ou par écrit les mots prononcés par votre jeune enfant à ce niveau de développement et faites l'exercice qui consiste à tenter de les interpréter. Vous aurez l'occasion de constater qu'un certain nombre de ces productions répondent aux caractéristiques que nous venons de mentionner.

Cette nouvelle capacité qui consiste à utiliser les mots non seulement pour désigner les entités de l'environnement mais aussi pour traduire des observations originales sur les *relations* que ces entités entretiennent les unes avec les autres annonce l'étape suivante du développement: les énoncés à plusieurs mots. Ces énoncés marquent les débuts de la syntaxe et de la grammaire, c'est-à-dire de la mise en application des règles qui organisent l'expression.

## POINTS DE REPERE

Vers 18 mois (au plus tard vers 27 mois), votre enfant devrait être capable de faire ce qui suit:
- Montrer sur commande les parties du corps (tête, mains, pieds).
- Montrer sur commande et nommer un petit nombre d'objets familiers (par exemple, la table, la voiture, la télévision, l'assiette, les jouets).
- Se conformer correctement à quelques ordres simples formulés dans le contexte approprié (par exemple, *« Apporte la balle à maman »*, *« Pose la tasse sur la table »*, *« Va chercher nounours »*).
- Requérir quelque chose en la nommant et en la désignant du geste.
- Reconnaître quelques images familières (par exemple, sa propre photographie et les photos de bébé, l'image du chien et de quelques autres animaux, les représentations des voitures et autres véhicules familiers).
- Comprendre une vingtaine de mots différents et pouvoir en produire environ une dizaine.
- A l'occasion, exprimer en un seul mot de véritables petites phrases se rapportant à la location des choses, à leur possession, existence, apparition, disparition, réapparition, et à quelques-unes de leurs propriétés physiques.
- Manifester un intérêt accru pour le langage et la communication verbale.

## CONSEILS AUX PARENTS

La période des premiers mots est une période particulièrement stimulante pour les parents. L'enfant entre de plein pied dans la communauté linguistique. Il comprend davantage de mots et il entreprend activement de les reproduire. Cependant, il faut veiller, amis parents, au-delà de l'excitation bien naturelle de ces moments privilégiés, à organiser ces quelques mois de la meilleure façon possible pour le développement linguistique de votre enfant. Comment?

**1. En gardant à l'esprit cette loi du développement du langage selon laquelle la compréhension précède et prépare la production**

Trop de parents préoccupés de voir leur enfant se développer rapidement s'attachent à faire produire et répéter mot après mot sans attacher suffisamment d'importance aux activités qui permettent à l'enfant de se familiariser avec les mots et avec leurs significations sans avoir à les produire. Rien ne sert de vouloir brûler les étapes. L'enfant ne produira jamais en fait que ce pour quoi il dispose déjà au moins d'un début de compréhension. Cela est vrai également des imitations que fait l'enfant des mots de l'adulte. L'enfant n'imite très généralement que ce qu'il a commencé de comprendre. Lorsqu'une forme verbale est imitée par l'enfant, mis à part quelques rares épisodes de psittacisme véritable, elle a déjà fait l'objet d'un découpage dans le flux du langage qui lui est adressé. L'enfant n'imite et ne reproduit pas n'importe quoi. Il reproduit ce à quoi il a été sensibilisé, ce dont il a entrepris l'analyse, ce qu'il a commencé à maîtriser. La suite de la démarche de compréhension se trouvera favorisée par les réactions de l'entourage aux productions de l'enfant mais avant d'en arriver là un début de compréhension est nécessaire. L'implication est claire. Si on veut favoriser la production, il faut bien nourrir la compréhension. On se donnera les meilleures chances d'y parvenir en fournissant à l'enfant *un environnement verbal riche et mesuré.*

*Riche, d'abord.* On parlera très clairement à l'enfant et avec l'enfant. On lui décrira verbalement ce qu'on fait : laver, ranger, manger, coudre, repasser, préparer le repas, téléphoner, se reposer, etc. On décrira de la même façon les actions accomplies par l'enfant. On lui donnera les mots qui correspondent à ce qu'il fait avec les choses, sur les choses, et en se servant des choses comme instruments. On stipulera les conséquences de ces actions. On veillera à fournir à l'enfant le nom des nouvelles personnes rencontrées et des objets découverts. On nommera les événements vécus et les relations perçues. Les livres d'images offrent de nombreuses possibilités pour présenter des objets moins familiers et pour situer les objets familiers dans des contextes variés. On se rappellera, cependant, que la capacité d'attention du jeune enfant est très limitée. Elle n'excède pas quelques minutes dans les meilleurs cas. Il faut donc procéder par petites tranches d'activités de quelques minutes. Enfin, on sensibilisera progressivement l'enfant au passé et au futur immédiat. Au passé, en résumant et en se remémorant à voix haute dans la conversation avec l'enfant ce qu'on vient de faire, les actions qui viennent d'être accomplies, les événements qui viennent de survenir. Au futur, en annonçant un peu à l'avance ce qu'on va faire et les événements qui vont survenir à très court terme. Il faut se rappeler que l'enfant n'a pas le sens de l'organisation du temps. On n'exigera donc rien de lui à ce point de vue.

*Un environnement verbal mesuré, ensuite.* Il n'est pas question de harceler le jeune enfant avec un barrage de langage. Ici comme ailleurs la qualité importe davantage que la quantité. Mieux vaut une heure ou deux de bon langage régulièrement qu'un déluge verbal journalier. Une technique qui donne généralement de bons résultats consiste à reprendre le même mot en variant l'énoncé. Par exemple : « *C'est une balle. Regarde la jolie balle. Oh, la belle balle ! Prends la balle. Donne-moi la balle. Lance la balle,* etc. », en s'appuyant sur les actions de l'enfant et celles accomplies en commun avec lui. Ne pas omettre également de faire une large place aux réponses et aux interventions verbales de l'enfant.

Concernant le choix des mots à utiliser, on ira *du plus général au plus spécifique* en tenant compte des caractéristiques du développement des significations telles qu'elles ont été exposées dans le cours du chapitre. On se laissera guider par la *valeur fonctionnelle du mot* selon l'étape de développement. Par exemple, un enfant de deux ans n'a nul besoin de connaître le nom exact des pièces de monnaie et des billets de banque. L'appellation *argent, sous, monnaie,* ou *billet* convient parfaitement à ce stade. On choisira un terme et on s'y tiendra momentanément. L'introduction de nouvelles précisions peut attendre l'âge de fréquenter le magasin.

Le but des activités de langage ainsi décrites est de favoriser la saisie de l'association entre l'enveloppe sonore et la signification. Cette saisie est la condition préalable de la production des mots.

### 2. En accueillant favorablement les essais de production de l'enfant

Les tentatives de l'enfant, maladroites au début, de reproduire les mots de la langue doivent être prises avec grand sérieux. L'effort de l'enfant est considérable et la tâche difficile. On fera bon accueil provisoirement aux simplifications dans l'enveloppe sonore du mot (par exemple, *ba* puis *baw* pour balle, *po* puis *pot* pour *porte, ta* puis *tap* puis *tab* pour *table*, etc.). Il faut éviter, à ce stade, de corriger et de reprendre directement l'enfant (*« On ne dit pas ta mais table ! »*). On utilisera la technique dite de la *correction indirecte*. Cette technique consiste à confirmer la production de l'enfant par la répétition de ce qu'il vient de dire tout en réintégrant les éléments laissés de côté. Par exemple, à l'enfant qui dit *« baw »* en désignant la balle, on répond *« Tu veux la balle, hein ? Tiens voilà la balle »*. Nous retrouverons la technique de la correction indirecte plus loin car elle est également applicable dans la mise en progression des phrases produites par l'enfant.

On renforcera les productions de l'enfant dans la mesure du possible en satisfaisant les requêtes qu'il s'est donné la peine de formuler, en le félicitant, en lui souriant, et en lui manifestant satisfaction et intérêt lorsqu'il s'essaie à reproduire les mots familiers.

On augmentera graduellement les exigences de production verbale et de correction des énoncés. Par exemple, on exigera au bout d'un temps que l'enfant utilise le mot pour requérir la chose et non seulement un geste accompagné de *« ta »* ou *« ya »* (pour *« ça »*) en désignant l'objet. Le principe général qui doit prévaloir est le suivant : il faut être souple dans ses exigences, et tenir compte des dispositions momentanées de l'enfant (attention, fatigue, motivation, etc.), n'exiger que ce qui est dans les possibilités de l'enfant (ou juste à la limite supérieure de ses possibilités), et centrer clairement ses exigences sur un seul aspect de la mise en progression à la fois (par exemple, ne pas exiger en même temps que l'enfant se serve du terme approprié et l'articule impeccablement si tel n'est pas le cas).

### 3. En assurant la promotion des mots-phrases

Il ne faut pas se limiter à faire de la *désignation*. S'il est important que l'enfant apprenne à nommer les objets rencontrés et les représentations familières dans les livres d'images, il faut aussi qu'il passe progressivement à l'expression des *relations* entre les choses et les personnes. Nous avons mentionné plus haut quelques-unes des relations normalement abordées par l'enfant à ce stade. Il s'agit des relations de possession, de location, de présence, d'absence, d'apparition, de disparition, de réapparition, et de celles qui concernent certaines propriétés des objets. Il est aisé d'imaginer des jeux verbaux qui favorisent l'expression de ces relations. Au lieu de désigner simplement les objets par leur nom (ce qu'il convient de faire également), on peut jouer à établir l'identité du possesseur (bébé, papa, maman, le grand frère ou la grande sœur). On peut jouer à cacher, à chercher, et à trouver les objets familiers et les jouets de l'enfant tout en verbalisant le nom des objets et leur location. On peut les faire disparaître et réapparaître en signalant verbalement apparition et disparition, présence et absence. La situation du repas est particulièrement adaptée à cet effet. Les aliments disparaissent de l'assiette pour être ingurgités. Il n'y en a plus. On se resert ensuite. Il y en a de nouveau, etc. Enfin, on spécifiera verbalement quelques-unes des propriétés principales des objets familiers (*grand - petit - chaud, ça brûle - froid, ça coupe - lourd, ça fait mal si ça tombe*).

# Chapitre 3
# La prononciation

La production des premiers mots et des mots suivants va de pair avec la maîtrise progressive du système des sons de la langue, c'est-à-dire des sons qui entrent dans la composition des mots. Les sons que l'enfant peut produire et combiner au départ sont peu nombreux. Il est utile de signaler qu'il s'agit des sons qui servent à former les mots et non des sons du babillage libre de la première année. Cette contrainte limite sévèrement le nombre et la variété des mots produits.

L'apparition des sons de la langue se fait dans un ordre qui varie légèrement d'un enfant à l'autre mais dont les grandes lignes sont constantes. Cet ordre va des sons qui sont relativement faciles aux sons plus complexes à différencier auditivement et à articuler.

## L'ordre d'apparition des sons de la langue

La première voyelle à apparaître est généralement *a* et la première consonne *b* ou *p* ou encore *m*. La combinaison de ces sons en syllabes avec répétition de la syllabe donne notamment *mama* et *papa* qui sont parmi les premiers mots produits, comme nous savons. La répétition de la même syllabe est fréquente chez l'enfant au stade des premiers mots sans doute parce qu'il est plus facile de répéter le même matériel sonore que d'en ajouter du nouveau.

Le développement des voyelles procède ensuite de *a* à *i* et *ou*, et puis *o*, *é*, *è*, *eu* et *u*. Les voyelles nasales *an, in, on* et *un* dont l'articulation implique le passage de l'air à la fois par la bouche et par le nez, sont un peu plus délicates à articuler. Elles apparaissent plus tardivement.

Le développement des consonnes se fait de *p* à *t* et à *k* et à peu près simultanément de *b* à *d* et à *g*. Les nasales *n* et *gn* apparaissent à peu près au même moment. Toutes les consonnes mentionnées jusqu'ici sont ce qu'on appelle techniquement des *occlusives*. Leur articulation se fait par blocage du courant d'air expiratoire en un point du canal de la bouche. Ce point varie selon la consonne. Il s'agit des deux lèvres pour *b* et *p*, de la pointe de la langue en contact avec les dents pour *d* et *t*, du dos de la langue et du palais pour *g* et *k*. De plus, *b, d,* et *g* sont dites sonores. Leur articulation implique la mise en vibration des cordes vocales. *P, t,* et *k* sont des sourdes. Leur articulation n'implique aucune vibration des cordes vocales.

Les consonnes *f, v, l,* et *r* apparaissent ensuite tandis que *ch, j, s,* et *z* sont plus tardives. Les consonnes *f, v, ch, j, s,* et *z* sont dites *constrictives*. Leur articulation n'implique pas un blocage mais un rétrécissement du passage de l'air en un endroit déterminé du canal de la bouche. Il s'agit des lèvres et des dents pour *f* et *v*, de la langue et des dents pour *s* et *z*, et de la langue et du palais pour *ch* et *j*. En outre, *f, s,* et *ch* sont des sourdes tandis que *v, z,* et *j* sont des sonores.

Les cas du *l* et du *r* sont un peu particuliers. Dans l'articulation du *l*, le passage de l'air est bloqué au milieu de la bouche par la langue mais il est libre sur les côtés de la langue. L'articulation du *r* varie selon qu'il est roulé ou non.

Le Tableau 2 fournit les âges moyens auxquels les enfants prononcent correctement les différents sons.

Il est bon d'insister sur le caractère *normalement tardif* de la prononciation correcte des consonnes *ch, j, s,* et *z*. Quelques enfants maîtrisent ces sons complexes vers 4 ans. Cependant, la plupart mettent un an ou deux de plus sans qu'on soit autorisé à parler de retard d'articulation.

## Imiter et reproduire les mots de l'adulte

Le développement de la prononciation ne se ramène pas uniquement à l'apparition progressive des sons selon leur complexité. Dès le début de la seconde année, l'enfant s'essaie à reproduire les mots de l'adulte. Il ne dispose que d'un répertoire de sons limité ce qui l'oblige à simplifier considérablement les mots en tentant de les reproduire. Qui ne s'est trouvé, ami lecteur, amie lectrice, devant la difficile tâche d'avoir à déchiffrer (rapidement et correctement de préférence) une requête répétée présentée sous forme d'un mot tronqué et inintelligible, vos demandes en répétitions ne faisant qu'accroître la mauvaise humeur de l'enfant frustré d'être aussi mal compris même par les siens ?

Parmi les simplifications les plus fréquentes, on observe des *suppressions* et des *substitutions* de sons, et des *redoublements* de syllabes. Les suppressions consistent à éliminer un ou plusieurs sons relativement difficiles à articuler soit en eux-mêmes soit du fait de leur combinaison avec d'autres

## LE DEVELOPPEMENT DE LA PRONONCIATION

AGES

| SONS | 2 | 3 | 4 | 5 | 6 | 7 |
|---|---|---|---|---|---|---|
| a | —— | | | | | |
| i | —— | | | | | |
| ou | —— | | | | | |
| o | —— | | | | | |
| é | ———— | | | | | |
| è | ———— | | | | | |
| eu | ———— | | | | | |
| u | ———— | | | | | |
| an | ———— | | | | | |
| in | ———— | | | | | |
| on | ———— | | | | | |
| un | ——————— | | | | | |
| p | ———— | | | | | |
| t | ——————————— | | | | | |
| k | ——————————— | | | | | |
| b | ———— | | | | | |
| d | ——————————— | | | | | |
| g | ——————————— | | | | | |
| m | ———— | | | | | |
| n | ———— | | | | | |
| gn | ——————————— | | | | | |
| f | ——————— | | | | | |
| v | | | | ———————————————— | | |
| s | | | | ———————————————— | | |
| z | | | | ———————————————— | | |
| ch | | | | ———————————————— | | |
| j | | | | ———————————————— | | |
| l | | | ———————————————————— | | | |
| r | | | ———————————————————————— | | | |

*Tableau 2. Les traits correspondent en leur point de départ à l'âge auquel environ 50 % des enfants prononcent le son correctement et en leur point d'arrivée à l'âge auquel le son est acquis par la très grande majorité des enfants.*

sons. Par exemple, dire *tôt* pour *tantôt*, *si* pour *merci*, *po* pour *porte*, *pé* pour *frapper*, etc. L'enfant peut également supprimer une des deux consonnes, généralement la plus difficile à prononcer, dans le cas des consonnes doubles (*tèta* pour *Stéphane*, *ouvi* pour *ouvrir*, *femé* pour *fermé*, etc.). Les substitutions consistent à remplacer un son, généralement une consonne difficile à articuler, par un son plus simple. Par exemple, dire *toup* pour *soup(e)* — le *t* est acquis avant le *s* —, *mama* pour *maman* — la voyelle orale *a* est acquise avant la nasale *an* —, *bom* pour *pom(me)* — la sonore *b* est substituée à la sourde *p* devant la voyelle —, etc. Le redoublement de syllabe avec substitution ou non est fréquent (par exemple, *tétère* pour *pomme de terre*). L'enfant peut évidemment utiliser plusieurs processus de simplification dans le même mot, par exemple en réduisant *locomotive* à quelque chose comme *totive* (suppression de *loco* et substitution de *to* à *mo* due à la présence d'un *t* dans la syllabe qui suit).

Il est souvent difficile sinon impossible de prédire exactement les simplifications que l'enfant va faire intervenir dans les mots adultes qu'il cherche à reproduire. L'enfant semble choisir une forme simplifiée parmi plusieurs formes possibles. Il s'y tient pendant une période plus ou moins longue avant d'évoluer de nouveau vers la forme adulte. La mise en place de la prononciation correcte se fait par l'élimination graduelle des simplifications. L'essentiel de ce développement intervient entre un et quatre ou cinq ans.

### Ordonner correctement les syllabes

Nous avons décrit la séquence d'apparition des sons et les procédés de simplification utilisés par l'enfant. Il faut encore préciser que la production correcte des mots implique que les différentes syllabes soient placées dans l'ordre qui convient. On doit dire *locomotive* et non *colomotive* ou *mocolotive*, *magasin* et non *gamasin*, *calculateur* et non *calacuteur*, etc. De telles inversions de syllabes avec prononciation correcte ou non des sons impliqués se retrouvent normalement dans le développement de la prononciation. Elles disparaissent après quelques temps. Il peut être utile à l'occasion d'attirer l'attention de l'enfant sur l'ordre correct des syllabes. De telles inversions doivent inquiéter les parents, cependant, si elles persistent indûment (surtout au-delà de quatre et cinq ans) et si elles résistent aux tentatives de correction. Des inversions persistantes du même ordre sont en effet souvent associées aux *troubles de langage* dont nous parlerons dans un chapitre ultérieur.

### Quand y a-t-il retard d'articulation et que peut-on faire?

*Il y a retard d'articulation lorsque l'enfant ne peut maîtriser les différents sons de la langue en temps voulu et lorsqu'il persiste à simplifier de façon marquée les mots produits au-delà de la période habituelle.* Nous avons vu que parmi les sons de la langue les voyelles sont les plus faciles à identifier auditivement et à articuler. Parmi les consonnes, les occlusives qui impliquent un blocage du passage de l'air en un endroit du canal de la bouche sont plus faciles à articuler que les constrictives. Ces dernières sont produites en rétrécissant le canal de passage de l'air qui détermine un bruit de frottement. Il est plus aisé apparemment de bloquer le canal de passage de l'air que de le rétrécir. Les consonnes sonores qui font intervenir les cordes vocales sont plus délicates à produire que les consonnes sourdes lesquelles n'impliquent aucune participation des cordes vocales. De ce fait, les sourdes tendent à l'occasion à se substituer aux sonores. Enfin, les doubles consonnes (*tr, br, cr, fr, bl, pl, dr,* etc.) sont évidemment plus difficiles à produire que les simples consonnes. Si on laisse de côté les doubles consonnes, c'est parmi les consonnes constrictives que se trouvent les sons les plus tardifs à apparaître et ceux pour lesquels un retard d'articulation est susceptible d'exister pour un petit nombre d'enfants (7 ou 8 enfants sur 100 se développant normalement par ailleurs). Il s'agit surtout des consonnes *ch, j, s, z,* et dans une moindre mesure de *f* et *v*. Dans certains cas, la latérale *l* et le *r* peuvent également faire problème. Le développement normal de l'articulation de ces sons n'est pas entièrement terminé avant 6 ou 7 ans pour bon nombre d'enfants. On ne devrait pas, pour les sons complexes en question, parler de retard d'articulation avant cet âge. Trop d'orthophonistes alertent inutilement les parents si l'enfant à 4 ans ou à 4 ans et demi n'a pas encore parfaite maîtrise sur le *ch,* le *j,* le *s,* et le *z.* Certes, il vaut mieux prévenir que guérir. Mais quatre ans est prématuré. Les parents ne devraient s'inquiéter de l'articulation imparfaite de leur enfant *en ce qui concerne les sons complexes* qu'à partir de 5 ans et demi ou 6 ans. *Si, à cet âge, votre enfant ne manifeste aucun progrès dans l'articulation des ch, j, s, z, et à plus forte raison des f, v, l, et r, en isolation ou combinés avec d'autres sons dans des mots faciles à prononcer, par ailleurs, et s'il résiste aux tentatives de correction, alors intervenez.* Nous ne parlons pas ici des problèmes articulatoires qui pourraient subsister lorsque ces sons sont combinés à d'autres sons dans des *mots difficiles.* De telles combinaisons continuent à faire problème à 6 ans, et même par la suite, pour les enfants dont le développement articulatoire est parfaitement normal.

L'intervention prendra la forme suivante. Evaluez vous-même si vous le pouvez ou, dans le cas contraire, faites évaluer par un(e) orthophoniste (logopède) la nature et l'étendue exacte du problème articulatoire. On y procède en faisant répéter à l'enfant les différents sons de même que des syllabes qui font figurer les sons en position initiale, médiane ou finale. Il convient évidemment de s'assurer au préalable des bonnes dispositions de l'enfant. Le Tableau 3 fournit une liste de syllabes et de mots qui peuvent être utilisés à cette fin.

Si le test confirme clairement le retard d'articulation, consultez un médecin spécialiste des oreilles, de la bouche et du nez de façon à faire vérifier l'audition, l'implantation des dents, et les organes de la bouche. Il est possible, mais c'est loin d'être toujours le cas, qu'une perte auditive modérée, une mauvaise implantation dentaire, ou une légère déformation anatomique soit à l'origine ou contribue à accentuer le retard d'articulation. Voyez ensuite un rééducateur orthophoniste. Ce dernier veillera à prendre l'enfant en rééducation quelques fois par semaine pendant quelques semaines ou quelques mois. A ces âges, le pronostic de la rééducation est généralement très favorable. Les meilleurs résultats peuvent être obtenus en des temps raisonnablement

## COMMENT TESTER LA PRONONCIATION DE VOTRE ENFANT?

| Sons isolés | Syllabes | | Mots | | |
|---|---|---|---|---|---|
| p | pa | ap | pomme | opaque | tapp(e) |
| t | ta | at | tulipe | ôter | carott(e) |
| k | ka | ak | cave | coque | bac |
| r | ra | ar | râpe | arracher | terr(e) |
| l | la | al | lit | malle | fil |
| m | ma | am | mère | maman | ram(e) |
| n | na | an | nu | année | bonn(e) |
| gn | gna | agn | | agneau | dign(e) |
| v | va | av | vite | Viviane | viv(e) |
| ch | cha | ach | chemin | achat | bich(e) |
| b | ba | ab | bateau | bébé | cub(e) |
| d | da | ad | dés | dodu | salad(e) |
| g | ga | ag | gâteau | bogue | bagu(e) |
| s | sa | as | salade | assis | os |
| j | ja | aj | jeter | cage | ag(e) |
| z | za | az | zorro | zigzag | ros(e) |
| f | fa | af | fumer | affiche | gaff(e) |
| tr | tra | | train | intrépide | abattr(e) |
| pr | pra | | pris | appris | propr(e) |
| kr | kra | | cravate | accrû | cancr(e) |
| br | bra | | brave | abri | zèbr(e) |
| dr | dra | | drapeau | | tendr(e) |
| gr | gra | | grappe | agrafer | maigr(e) |
| bl | bla | | bleu | bible | tabl(e) |
| gl | gla | | glaner | iglou | aigl(e) |
| vr | vra | | vrac | ouvrir | couvr(e) |
| fr | fra | | frapper | offrir | chiffr(e) |

*Tableau 3. Liste de sons, syllabes, et mots utilisables pour procéder à l'examen de la prononciation. Articuler lentement et distinctement le son, la syllabe ou le mot et faire répéter à l'enfant. Noter le résultat.*

courts. Il s'agira, cependant, de prolonger les séances de rééducation à domicile en s'inspirant des recommandations du rééducateur afin d'assurer la transition entre le contexte artificiel de la rééducation et les situations naturelles de communication.

Comment entrer en contact avec un orthophoniste (logopède) ou un spécialiste du développement du langage? Voyez les services de psychologie de l'enfant et de psychologie du langage des universités, les cliniques otorhinolaryngologiques, les écoles d'orthophonistes ou de logopèdes, les centres psycho-médico-sociaux, les associations de psychologues, de médecins, et de logopèdes, et à fin d'information les services éducatifs et culturels de vos localités.

## POINTS DE REPERE

On se reportera au Tableau 2 pour les âges moyens auxquels sont acquis les différents sons.

## CONSEILS AUX PARENTS

De un à six ans, votre enfant maîtrise lentement mais sûrement les différents sons que la langue met à sa disposition pour former les mots. Il ne suffit pas, à cette fin, de pouvoir prononcer les sons à l'état isolé. Il faut encore les combiner en petits groupes, les syllabes, et organiser les syllabes en mots selon l'ordre approprié. Il s'agit d'une tâche qui requiert encouragement et assistance de la part de l'adulte et dont les parents ne devraient jamais sous-estimer la difficulté. Nous ne pouvons comme adultes nous remémorer les efforts consentis lors de notre propre apprentissage de la prononciation. On peut s'en faire une idée, imparfaite toutefois, lorsqu'on apprend une langue étrangère.

Vous faciliterez considérablement la tâche de votre enfant et vous obtiendrez de meilleurs résultats en mettant en application les quelques recommandations qui suivent.

1. Le contrôle de l'articulation se fait en grande partie au moyen de l'oreille et du cerveau auditif. Pour s'en convaincre il suffit d'observer les difficultés insurmontables que rencontrent les enfants sourds profonds lorsqu'ils apprennent à prononcer. **Donnez à votre enfant l'occasion de développer son contrôle auditivo-vocal en lui parlant posément et distinctement.** Posément, de façon à ce qu'il ait le temps d'enregistrer les sons prononcés. Distinctement, pour qu'il puisse les reconnaître, les opposer, et saisir et mémoriser l'ordre dans lequel ils doivent être placés pour former les mots. La qualité acoustique du langage adressé à l'enfant est très importante à ce point de vue. Veillez à vous ménager des moments de calme pendant lesquels vous converserez avec votre enfant et rien qu'avec lui. Parlez-lui à voix bien intelligible. Placez-vous de préférence en face de lui afin qu'il puisse voir le mouvement des lèvres, le resserrement des dents pour l'articulation de $t$, $d$, $s$, et $z$, le jeu de la langue et la tension des muscles de l'avant-bouche. Evitez de parler longuement à votre enfant dans le brouhaha de la radio ou de la télévision.

2. **Donnez à votre enfant le temps de développer son répertoire de sons**

Evitez d'exercer des pressions excessives sur votre enfant pour l'amener à bien prononcer tous les sons aussitôt que possible. L'important est qu'il arrive à les produire sans jamais perdre confiance en ses possibilités, sans être rebuté par la communication verbale et sans perdre goût pour le langage. Il est secondaire qu'il ait maîtrise sur tous les sons à 3 ou 4 ans plutôt qu'à 5 ans. Certains enfants y arrivent plus tôt. D'autres plus tard. Il n'y a aucun honneur insigne, aucun déshonneur dans l'un ou l'autre cas. *Chaque enfant a son rythme de développement propre.* Une légère avance ou un léger retard dans le développement articulatoire correspondent à un état de maturation plus ou moins avancé du système neuro-musculaire pour la programmation des *mouvements fins*. Avance et retard dans ce domaine ne vont pas nécessairement de pair avec ce qui se passe dans les autres domaines du développement du langage (développement du vocabulaire, organisation des énoncés, acquisition des règles grammaticales, maîtrise des procédés et des règles de la conversation). Evitez de comparer votre enfant à celui du voisin, ou au cousin, ou au frère aîné ou à la sœur aînée qui au même âge disait déjà ... et prononçait correctement ..., etc. *Proscrivez ce genre de commentaire en présence de l'enfant.*

Que faut-il faire ? Laissez l'enfant se développer à son rythme en lui assurant un environnement verbal et articulatoire de qualité. N'intervenez pour corriger (toujours avec délicatesse et habileté) que si l'enfant ne s'est pas corrigé lui-même vers la fin de la période où le son en question devrait être articulé correctement. Programmez vos interventions selon la chronologie du développement articulatoire. Si l'enfant semble manifester quelque retard, évitez de le traumatiser en lui communiquant votre anxiété ou votre irritation. *Concentrez vos efforts sur un seul son à la fois.* Essayez de sensibiliser l'audition de l'enfant au son en question en le prononçant très lentement et très distinctement, en le mettant en évidence dans votre propre parler. Si le retard se confirme, procédez comme indiqué dans les pages qui précèdent et voyez un spécialiste.

3. **Evitez de répéter à l'enfant les mots tels qu'il les prononce avec les suppressions, les inversions, et les déplacements de sons qui y apparaissent**

Un enfant de trois ans qui prononce « *tamion* » au lieu de « *camion* » et « *teval* » pour « *cheval* » est généralement capable de faire la différence *auditivement* entre *t* et *c*, d'une part, et entre *t* et *ch*, d'autre part. Il proteste d'ailleurs si on lui renvoie ce qu'il vient de dire. *L'incapacité temporaire de prononcer un ou plusieurs sons n'implique nullement que l'enfant ne puisse les différencier auditivement.* On n'utilisera la technique qui consiste à renvoyer (gentiment) à l'enfant la prononciation incorrecte qu'il vient de faire que lorsque le temps normal alloué pour le développement son ou groupe de sons est passé. On le fera alors à l'occasion de façon à favoriser la prise de conscience de l'« erreur » articulatoire. Si, en réponse, l'enfant s'efforce même maladroitement de se corriger, on ne manquera pas, surtout les premières fois, de le féliciter chaleureusement.

4. **Quelques trucs techniques et quelques jeux pour favoriser le développement de l'articulation**

Si votre enfant éprouve des difficultés à articuler les *voyelles ou les consonnes nasales,* faites-lui placer les doigts sur les ailes de votre nez et articulez fortement et longuement les voyelles et ensuite les consonnes nasales : *an, in, on, un, m, n, gn.* Toujours dans la même position, contrastez ensuite pour lui les nasales et les orales correspondantes, c'est-à-dire articulez successivement : *an-a, a-an, in-è, è-in, on-o* (comme dans *port*), *o-on, un-eu* (comme dans *peur*), *eu-un, m-b, b-m, n-d, d-n, gn-g, g-gn.* Ensuite demandez à l'enfant de faire de même (après vous) en plaçant les doigts sur les ailes de son propre nez. Répétez régulièrement l'exercice. L'enfant prendra ainsi conscience de la vibration nasale et donc des conditions de production des sons nasaux.

De même si l'enfant ne peut articuler les *consonnes sonores* ou inversément s'il ne peut produire les *consonnes sourdes,* faites-lui mettre la main sur votre larynx et éprouver les vibrations qui accompagnent la production des sonores. Faites-lui remarquer que les vibrations cessent dès qu'on articule une consonne sourde. Utilisez aux fins de cet exercice les consonnes constrictives de façon à pouvoir prolonger le son et donc les vibrations du larynx. Comparez de cette façon les constrictives sonores *v*, *z*, et *j*, à leurs correspondantes sourdes, *f*, *s*, et *ch*. Demander ensuite à l'enfant de placer la main sur son propre larynx et faites-lui reproduire les mêmes sons. Vous le sensibiliserez ainsi à la vibration du larynx dans la production des sonores. On pourra le cas échéant généraliser l'observation au contraste entre les *occlusives sonores*, b-d-g, et leurs correspondantes les *occlusives sourdes* p-t-k.

Si la production du *r* fait problème, placez la main de l'enfant sur votre gorge et prononcez des séries de *r* bien roulés ou des syllabes comportant un *r* et une voyelle postérieure soit *ou*, soit *o*, donc *rrrrrou, rrrrro*, etc. L'enfant aura ainsi l'occasion de prendre conscience du «grattement de l'arrière-bouche» qui permet d'articuler le *r* roulé. Faites-lui mettre la main sur sa propre gorge et articuler des séries de *r*, de *rou*, de *ro*, et de *râ*, bien roulés. Passez ensuite aux mots qui commencent par *r* et enfin aux mots qui font figurer le *r* en position médiane et en position finale. Lorsque l'articulation du *r* est bien en train, on fait progressivement réduire le nombre de roulements jusqu'à obtenir des *r* proches de la norme (en français parisien), c'est-à-dire non roulés.

Vous pourrez également amener votre enfant à placer les incisives supérieures en position rapprochée ou en léger contact avec la lèvre inférieure, de manière à laisser une fente horizontale étroite, pour *l'articulation du f et du v*, si en bons émules du célèbre phonéticien de *My Fair Lady*, vous lui apprenez à faire vaciller la flamme d'une bougie de la même façon que vous en articulant ces deux sons.

Enfin, placez l'enfant bien en face de vous et faites-lui observer votre avant-bouche et le mouvement de votre langue vers l'avant des dents et ensuite rapidement vers l'arrière pour *prononcer t et d*. Montrez-lui la différence entre l'articulation de ces deux sons et celle de *b*, *p*, *g*, et *k*. Comparez *t* et *k*. Faites-lui faire le même exercice devant le miroir. Le cas échéant, amenez-le de cette façon à restituer les *k* là où il substitue un *t* (*touper* pour *couper*, *tave* pour *cave*, etc.). L'observation de votre avant-bouche et sa propre observation (guidée par vous) devant le miroir pourront également aider l'enfant à effectuer le mouvement articulatoire correct pour *la production des s*. Les dents doivent être serrées, la langue placée derrière les dents, calfeutrant les interstices latéraux entre les mâchoires. Si l'enfant passe la pointe de la langue entre les dents, faites-la lui placer plus en arrière. Au besoin, utilisez un abaisse-langue, une languette de bois ou le dos d'une cuillère pour provoquer le retrait de la langue. L'articulation correcte du *s* se fait avec la pointe de la langue en arrière et au contact des incisives supérieures ou des alvéoles dentaires juste en haut des incisives. Le placement de la langue entre les dents constitue une des sources fréquentes de mauvaise articulation du *s* (zézaiement). L'observation de votre avant-bouche et le miroir pourront encore servir à faire prendre conscience à l'enfant de la position avancée et arrondie des lèvres dans l'articulation du *ch* et du *j*. C'est là, et sauf en ce qui concerne la vibration du larynx pour le *j*, la seule manifestation visible de l'extérieur de l'articulation de ces deux sons.

En ce qui concerne les jeux, on peut jouer à partir de 3 ou 4 ans à trouver des mots qui commencent (plus tard qui contiennent ou qui finissent) par tel ou tel son. *P* comme dans ..., *pa...*, *papa*. *B* comme dans ..., *ba...*, cela va sur l'eau, *bat...*, *bateau*. *S* comme dans ..., *su...*, *sucre*, etc. Les jeux de rime sont amusants et utiles pour l'éducation de l'oreille. *Chapeau*, ça finit comme..., *ba...*, *bat...*, *bateau*, *traî...*, *traîn...*, *traîneau*, etc. On peut également jouer à inventer des mots qui commencent, qui contiennent, ou qui se terminent par tel ou tel son. On peut inventer de grands mots, de petits mots, des mots difficiles, des mots faciles, etc. Il convient de favoriser l'activité créatrice de l'enfant en matière de combinaison de sons tout en dissociant cette activité de l'apprentissage et de l'usage conventionnel des mots de façon qu'aucune confusion ne s'installe dans son esprit quant au vocabulaire de la langue. En plus de favoriser le développement de la prononciation ces activités et d'autres imaginables à partir de là sont une excellente préparation pour l'apprentissage de la lecture et de l'écriture.

# Chapitre 4
# Les premières combinaisons de mots et les premières phrases

Un système linguistique qui ne permettrait que la production d'énoncés à un mot manquerait singulièrement de puissance en face du nombre et de la complexité des choses à exprimer. Un tel système serait fort mal adapté à l'expression des *relations* entre les choses. Or, c'est l'expression de ces relations qui mobilise l'essentiel de notre activité linguistique et non le simple étiquetage verbal des objets et des événements. Par exemple, debout le matin sur le perron de notre maison et apercevant le voisin, nous entreprenons rarement de lui communiquer le nom des choses qui nous intéressent à ce moment (par exemple, *soleil, nuages, journée, beauté, pluie, désagrément, imperméable, nécessité, aujourd'hui*) pour la bonne raison qu'il connaît déjà cette nomenclature. Nous exprimons des avis et des commentaires plus ou moins originaux sur les événements, sur les relations et les rapports que les choses entretiennent, sur la façon dont cela nous affecte, etc. (par exemple, *« Quelle belle journée ! »* ou *« Encore de la pluie ! Il vaudra mieux se munir d'un imperméable aujourd'hui ! »*). Comment un système linguistique ne permettant que la transmission d'énoncés à un mot pourrait-il exprimer les relations entre les choses ? Il y aurait deux façons possibles, aussi peu intéressantes l'une que l'autre. Le premier moyen consisterait à procéder de la même façon que l'enfant de 15 mois lorsqu'il exprime une relation de possession entre une voiture et son père au moyen d'un seul mot (par exemple, *« papa »* en montrant la voiture) laissant à l'interlocuteur le soin d'interpréter l'énoncé selon le contexte. On imagine aisément le chaos qui résulterait d'un pareil système de communication à l'échelle du monde adulte. Le second système consisterait à avoir un mot particulier non seulement pour désigner chacune des différentes entités de l'environnement, par exemple *voiture* et *papa* dans la situation décrite ci-dessus, mais aussi pour exprimer chacune des innombrables relations qui peuvent exister entre ces entités. La relation de possession « la voiture de papa » serait symbolisée au moyen d'un mot particulier, par exemple *« stroumpf »*. Mais ce mot ne pourrait servir pour traduire « la voiture de maman ». Il serait nécessaire de disposer d'un autre mot à cet effet, par exemple, *« strimpf »*. De façon, à transmettre « la voiture du voisin », il faudrait encore un autre mot spécial puisque ni *voiture*, ni *voisin* ne pourraient faire l'affaire et qu'on ne pourrait les combiner pour produire *« la voiture du voisin »*. Ce mot supplémentaire pourrait être *« strompf »* par exemple. Pour communiquer « la voiture de ma tante », « celle du président de la république », « celle de Hua-Kuo-Feng », il faudrait encore de nouveaux termes, par exemple, *« strampf »*, *« strumpf »*, et *« strempf »*, etc. à l'infini. La langue serait ramenée à un énorme dictionnaire de plusieurs milliards de termes et probablement davantage. Les dictionnaires devraient être montés sur roulettes et tractés. L'apprentissage et la pratique de la langue pèseraient d'un poids très lourd sur la mémoire et les risques de méprises auditives et donc de confusions de sens seraient extrêmement considérables en supposant même qu'on arrive à trouver un support sonore particulier pour chaque idée.

Par bonheur, les langues ont adopté un système plus ingénieux qui consiste à combiner plusieurs mots dans le même énoncé. La production d'énoncés à plusieurs mots est donc une *réponse* donnée par la langue au problème de la richesse et de la complexité des choses à exprimer. Dès que le jeune enfant a accumulé suffisamment de connaissances sur l'univers qui l'entoure, il est confronté au même problème. Nous avons vu qu'il y apporte une première réponse en produisant des mots isolés non seulement pour désigner les choses mais aussi pour exprimer plus que cela au stade des mots-phrases. Un pas de géant est franchi, habituellement entre 18 et 24 mois, lorsque l'enfant devient capable de combiner deux mots dans le même énoncé.

Mais se pose bien vite le problème de l'organisation des mots au sein des énoncés. Dans quel ordre faut-il placer les mots dès qu'il y en a plusieurs ? Est-ce que *« Tauto papa »* a le même sens que *« Papa tauto »* ? Est-ce que *« Bébé pas dodo »* est susceptible de produire le même effet sur l'entourage que *« Dodo pas bébé »* ou *« Pas dodo bébé »*, ou encore *« Dodo bébé pas »*, *« Bébé dodo pas »*, ou même *« Pas bébé dodo »* ? Nous savons, évidemment, que l'ordre des mots n'est pas indifférent en français. *« Robert frappe Julien »* n'a pas le même sens que *« Julien frappe Robert »* tandis que *« Frappe Robert Julien »*, *« Robert Julien frappe »* et les autres combinaisons possibles des trois mêmes mots ne sont pas admises. Les *règles* (c'est-à-dire la *grammaire de la langue*) stipulent l'ordre que doivent respecter les diverses combinaisons et spécifient le sens qui s'y attache. Nous retrouvons, amie lectrice, ami lecteur, la question de l'*organisation séquentielle* du matériel linguistique. Nous en avons découvert l'importance au niveau de l'organisation des sons en syllabes et des syllabes en mots. Il importe également que les mots soient ordonnés en séquences dans les énoncés. L'aspect d'organisation séquentielle du langage est extrêmement important. Un grand nombre de psychologues et de neurologues pensent maintenant que l'hémisphère cérébral gauche se spécialise dans le traitement de l'information présentée en séquence (c'est-à-dire surtout le langage) entre la naissance et 7 ou 8 ans tandis que l'hémisphère cérébral droit est dominant pour l'analyse des ensembles organisés dans l'espace. Ceci s'appliquerait non seulement aux sujets droitiers manuels mais également à la plupart des gauchers. L'exposition au langage paraît être un élément favorisant la spécialisation de l'hémisphère cérébral gauche.

**Entre le stade des énoncés à un mot et celui des énoncés à deux mots**

Mais reprenons, voulez-vous, l'exposé du développement selon le déroulement du temps. On peut observer les phénomènes suivants vers 18 mois. L'enfant produit à l'occasion «des mots isolés successifs» dont le rapport entre eux apparaît aisément à celui qui vit la scène. L'enfant dira *« totô ... ya »* (pour *« Tonton est là »*) ou *« amiô ... broum-broum »* (pour *« Le camion fait broum-broum »*), en marquant une pause variable mais distincte entre les deux mots. Il a atteint le niveau intermédiaire entre le stade des productions à un mot et celui des productions à deux mots. L'élimination, quelques jours ou quelques semaines plus tard, de la pause entre les deux mots marquera le début du langage combinatoire.

**L'ordre des mots**

Quelle réponse l'enfant apporte-t-il au problème de l'ordre des mots dans ses énoncés ? Il semble que les choses se passent à peu près de la façon suivante.

L'agencement des premiers énoncés à plusieurs mots est laissé au hasard. L'enfant dira aussi souvent *« Boum ateau »* pour *« Le bateau a fait boum »* ou *« Le bateau est tombé »* que *« Ateau boum »*, ou *« Mama ati »* (pour *« Maman est partie »*) que *« Ati mama »*. Très vite, cependant, l'enfant repère un petit nombre de mots dans le langage de l'adulte et les utilise dans ses propres productions en leur attribuant *une place fixe*, souvent la première position dans l'énoncé, parfois la seconde. L'autre position est attribuée librement à n'importe quel mot susceptible d'être combiné avec les mots à place fixe. Les mots à place fixe sont appelés techniquement des *mots-pivots* et les énoncés qui les contiennent des *énoncés-pivots*. Les exemples donnés au Tableau 4 feront mieux comprendre.

## LES PREMIERS ENONCES ORDONNES: QUELQUES EXEMPLES

*Laver* mains
*Laver* cuillère
*Laver* nez
*Laver* tasse

*A'voir* mama (Au revoir maman)

*A'voir* mammy
*A'voir* papa
*A'voir* bébé (à un autre enfant)
*A'voir* tonton
*A'voir* apin (lapin-jouet)

*Veux* bonbon
*Veux* tauto

Tauto *ama* (L'auto est à moi)
Bayon (ballon) *ama*
Ké (clé) *ama*

Bonbon *ama*

Tauto *ènèna* (L'auto elle est là)
Tonton *ènèna*
Mammy *ènèna*
Mamen (Marraine) *ènèna*
Tèta (Stéphane) *ènèna*
Tètèr *ènèna* (La pomme de terre elle est là)

*Vois* bonbon
*Vois* pomme
*Vois* papa
*Vois* poisson
(poisson-jouet dans le bain)

*Apu* papa (Il n'y a plus de papa, c'est-à-dire papa est parti)
*Apu* mama
*Apu* bonbon
*Apu* apin
*Apu* anana (banane)

*Pati* papa (Papa est parti)
*Pati* mama
*Pati* bébé
*Pati* apin
*Pati* bonbon

*Boum* bateau (Le bateau est tombé)
*Boum* tauto
*Boum* papa (jeu où le père se laisse choir sur le canapé)
*Boum* bébé

*Tableau 4. Exemples d'énoncés-pivots obtenus vers 24 mois. Le mot-pivot en italique dans chaque énoncé.*

On se rappellera qu'une grammaire est un ensemble de règles relatives à l'organisation des énoncés. La *« grammaire-pivot »* qui caractérise bien les productions de l'enfant vers 24 mois contient essentiellement quatre règles. Elles se formulent comme suit:
*Règle 1:*
Pour construire un énoncé à deux mots, mettre en application soit la règle 2 soit la règle 3.
*Règle 2:*
Pour construire un énoncé, produire d'abord un *pivot de première position*

(par exemple, *lave, veux, vois, apu, a'voir, boum, pati*) et le faire suivre d'un mot non-pivot.

*Règle 3 :*
Pour construire un énoncé, produire d'abord un mot non-pivot et le faire suivre d'un *pivot de seconde position* (par exemple, *ama, ènèna*).

*Règle 4 :*
Ne pas agencer deux mots-pivots dans le même énoncé.

Les quatre règles rendent compte de la plupart des énoncés à deux mots produits à ce stade. Les énoncés qui font exception combinent deux mots non-pivots (par exemple, « *Amiô broum-broum* » pour « *Le camion fait broum broum* », « *Apin bébé* » pour « *Le lapin de bébé* », « *Tauto papa* » pour « *L'auto de papa* », ou encore « *Mama tigo* » ou « *Tigo mama* » pour « *Le frigo de maman* », « *Maman se sert du frigo* » ou quelque chose d'approchant). La grammaire-pivot apparaît comme un intermédiaire entre la période où les énoncés ne sont pas ordonnés et celle, plus tardive, où l'enfant reproduit l'agencement qui prévaut dans la langue adulte. La grammaire-pivot est donc une première réponse à l'agencement des énoncés. C'est une réponse originale. En effet, elle ne correspond pas à celle fournie par la grammaire adulte.

A partir de 30 mois, approximativement, les constructions à plusieurs mots deviennent plus nombreuses et plus variées. L'agencement-pivot et les règles qui y président sont dépassés au profit d'une organisation qui semble avoir intégré l'essentiel des règles d'ordre de la langue adulte. Ceci n'est vrai cependant que pour les énoncés à structure *simple* (par exemple, «*Donne apin bébé*» pour «*Donne le lapin à bébé*» ; «*A'voir bébé pomener*» pour «*Au revoir je vais en promenade*» — avec maman —, par opposition à «*Pomener bébé*» prononcé par l'enfant pendant qu'il promène sa poupée). L'agencement des énoncés plus complexes, comme ceux qui impliquent l'usage de la négation, n'est pas encore conforme à la syntaxe adulte (par exemple, «*Pas apin bébé*», «*Le lapin n'est pas à bébé*» ou «*Pas pati papa*», «*Papa n'est pas parti*»). Nous y reviendrons dans un chapitre ultérieur.

### Les relations exprimées

Quelles relations l'enfant exprime-t-il dans ses énoncés à plusieurs mots aux environs de 30 mois ? Il reprend, certes, les relations déjà exprimées au stade des productions à un mot et y ajoute d'autres relations relatives aux nouvelles connaissances acquises sur le monde environnant. Le Tableau 5 donne la liste des principales relations de sens traduites en mots à ce stade et fournit exemple et explication pour chaque cas.

## LES CONTENUS DES PREMIERS ENONCES A PLUSIEURS MOTS

| Relation | Explication | Exemple |
|---|---|---|
| 1. Existence | Manifeste l'existence d'une entité | *Tauto ta* (C'est une auto ça) |
| 2. Disparition | Signale la disparition ou la non-existence momentanée d'une entité | *Apu lai* (Il n'y a plus de lait) |
| 3. Récurrence | Requête ou notification de réapparition d'une entité déjà observée | *Co bonbon* (Encore un bonbon) |
| 4. Attribution | Spécifie un attribut d'une entité | *Café taut* (Le café est chaud) |
| 5. Possession | Indique une relation de possession | *Tauto bébé* (L'auto de bébé) |
| 6. Localisation (dans l'espace) | Indique une relation de localisation | *Papa buiau* (Papa travaille dans le bureau) |
| 7. Bénéfice | Stipule le bénéficiaire d'un état ou d'une action | *Pou(r) papa* |
| 8. Agent-action | Stipule la relation entre une action et l'agent de cette action | *Bébé mang(e)* |
| 9. Instrumentation | Exprime la fonction d'instrument que sert une entité | *Nettoyer boss(e)* (On nettoie avec la brosse) |
| 10. Action-objet | Stipule la relation entre une action et l'objet de cette action | *Fapp(e) chien* (Le garçon frappe le chien) |
| 11. Agent-action-location | Exprime une relation agent-action qui fait l'objet d'une indication de location | *Papa t(r)availl(e) buiau* (Papa travaille dans le bureau) |
| 12. Agent-action-objet | Combine une double relation (agent-action et action-objet) au sein du même énoncé | *Bébé mang(e) tatin* (Bébé mange une tartine) |

*Tableau 5. Liste de quelques relations sémantiques parmi les plus couramment observées dans les productions enfantines contenant deux et trois mots.*

Comme le font bien ressortir les exemples donnés au Tableau 5, les énoncés à deux mots ne peuvent exprimer qu'*une* relation sémantique à la fois. On échappe à cette limitation avec les énoncés à trois mots et plus. Le nombre de relations exprimées dans un énoncé est directement responsable de la longueur de l'énoncé et de sa complexité. Comparez à ce point de vue les deux exemples suivants :

(1) « *Papa pati tauto* » (« *Papa est parti en auto* »)

(2) « *Le déplorable père de ce pauvre enfant a quitté le domicile familial dans son damné véhicule voici bientôt un mois.* »

Deux relations sont combinées dans l'énoncé (1) : une relation agent-action («Papa est parti») et une relation action-instrument («Il est parti en utilisant son automobile»). L'énoncé (2) combine un minimum de dix relations. Exercez-vous à les trouver, ami lecteur, amie lectrice. La solution est fournie ci-dessous.

Le développement linguistique procède par un enrichissement de l'expression au niveau des contenus qui détermine un allongement et une augmentation de complexité syntaxique des énoncés.

REPONSE
Nombre et types de relations sémantiques combinées dans l'énoncé *(2)* :
- Attribution d'une propriété à une entité : 4 *(déplorable père, pauvre enfant, domicile familial, damné véhicule).*
- Possession : 2 *(père de ce pauvre enfant, son damné véhicule).*
- Localisation de l'événement dans le temps : 1 *(voici bientôt un mois).*
- Agent-action : 1 *(le déplorable père a quitté).*
- Action-objet : 1 *(a quitté le domicile).*
- Action-instrument : 1 *(a quitté le domicile familial dans son damné véhicule).*

## Phrase et énoncé

Vous aurez sans doute remarqué, amie lectrice, ami lecteur, que nous n'avons guère utilisé le terme *phrase*, si ce n'est dans l'expression consacrée mot-phrase. Nous lui avons préféré le terme énoncé et nous continuerons de même dans la suite de l'ouvrage. Quelle en est la raison ? Le terme phrase implique que la construction désignée comporte au minimum deux mots, l'un jouant obligatoirement le rôle de *sujet* et l'autre le rôle de *verbe*. La seule exception tolérée concerne les phrases impératives lesquelles n'expriment pas habituellement le sujet. Le terme *énoncé*, par contre, n'implique aucune restriction de ce genre. *Un énoncé est tout ce qui est produit verbalement entre deux pauses.* Il peut comporter un ou plusieurs mots lesquels jouent ou non les rôles de sujet et de verbe. Une phrase est toujours un énoncé mais l'inverse n'est pas vrai. En effet, un énoncé n'est pas nécessairement une phrase. Il peut ne contenir qu'un seul mot sans qu'il s'agisse d'un énoncé impératif (par exemple, *« Oui »* en réponse à une question) ou comprendre plusieurs phrases prononcées sans interruption. Le terme énoncé est donc particulièrement adapté pour décrire le développement du langage chez l'enfant et, d'une manière générale, pour décrire les actes de communication verbale.

## Ce qui manque dans les énoncés de l'enfant à ce stade

En dépit des remarquables progrès accomplis, le langage d'un enfant de 30 mois est encore rudimentaire. On y relève aucun (ou très peu) des mots grammaticaux: *articles, pronoms, adverbes, auxiliaires, prépositions.* Il n'y existe *aucune coordination, aucune subordination* entre énoncés ou parties d'énoncé. *Les événements décrits ne sont pas localisés dans le temps.* Le langage produit par l'enfant accompagne son action. C'est un langage à propos de l'action immédiate. Il ne peut être compris qu'en suivant l'accomplissement des actions successives. Imaginez un enfant de cet âge, s'exprimant en énoncés de deux et trois mots, en train de communiquer au téléphone avec un adulte. Il serait assurément difficile, et probablement impossible, pour ce dernier de saisir avec quelque précision le sens des propos entendus. Le langage du jeune enfant est un *langage implicite.* On n'y explicite pas les significations transmises. L'explicitation des significations est rendue possible par l'adjonction graduelle des *mots grammaticaux.* En outre, ces mots renforcent la structure de l'énoncé tout en l'assouplissant.

L'adjonction des articles aux noms (communs) permet de spécifier le genre (masculin ou féminin), le nombre (singulier ou pluriel), et le caractère déterminé (par exemple, *le canard,* en général, ou celui que vous venez de déguster, ou encore celui dont on vient de parler, c'est-à-dire pas n'importe quel canard) ou indéterminé *(un canard,* c'est-à-dire n'importe quel canard, choisissez celui que vous voulez). L'adjonction des *pronoms* soulage la construction de l'énoncé en évitant d'avoir à répéter le nom de l'objet, personne, ou événement dont il est question. Les pronoms permettent les raccords d'énoncé à énoncé (par exemple, *«Jacques est venu ce matin. Il vous remet son bonjour».* Les pronoms facilitent également le dialogue *(je, nous, tu, vous).* Les *adverbes* précisent le sens du verbe en y ajoutant une indication sur la manière, la quantité, le lieu, ou le temps de l'action ou de l'état rapporté par le verbe. Les *auxiliaires* entrent dans la réalisation des temps composés et permettent l'expression de nuances dans le marquage du temps. Les *prépositions* sont placées devant un nom, un verbe à l'infinitif, un adjectif, ou un adverbe pour les relier à un terme précédent tout en spécifiant l'un ou l'autre rapport: par exemple, la direction ou l'origine (*« Je vais à Paris », « Je viens de Paris »*), le but ou le moyen (*« Je viens pour manger », « Je suis venu en train »*), le lieu (*« La ville est située à flanc de montagne »*), etc. Enfin, les *conjonctions de coordination et de subordination* permettent de marquer des rapports d'équivalence fonctionnelle et de dépendance entre énoncés et parties d'énoncés ce qui enrichit considérablement les possibilités d'expression.

Nous abordons le développement des mots grammaticaux, le marquage ou temps, et l'allongement et l'accroissement des énoncés en complexité au chapitre suivant.

## POINTS DE REPERE

De 18 à 30 mois, votre enfant devrait :
- Demander quelque chose en utilisant le mot aussi bien que le geste.
- Pourvoir reproduire deux mots, deux chiffres de mémoire immédiatement après qu'on les lui ait dits.
- Comprendre quelques pronoms personnels et possessifs parmi les plus communément utilisés autour de lui et avec lui : *moi, me, mien (à moi), tu, toi*.
- Démontrer des progrès notables dans la compréhension des énoncés adultes produits en situation appropriée.
- Comprendre et produire beaucoup de nouveaux mots (surtout parmi les noms, les verbes, et les adjectifs).
- Produire des énoncés à deux et à trois mots.
- Exprimer un avis négatif au moyen de *« no(n) »* isolé et, à l'occasion, en plaçant le mot *« no(n) »* ou le mot *« pas »* soit au début soit à la fin d'un énoncé à plusieurs mots. Par exemple, *« Dodo no(n) »* ou *« Pas dodo »*, pour *« Je ne veux pas aller dormir »*; *« Pas tauto, ama »*, pour *« Cet autre garçon ne peut jouer avec ma petite voiture, elle est à moi »*.

## CONSEILS AUX PARENTS

Une autre étape cruciale est en train d'être franchie. Votre enfant accède enfin au *langage combinatoire*. Il pourra dès lors exprimer beaucoup plus d'idées et, pour votre plus grand plaisir, des idées de plus en plus élaborées.

A ce stade, amis parents, il convient de garder présentes à l'esprit les considérations suivantes. La première est relative à la *forme* et la seconde au *rythme* des énoncés enfantins. Suit une brève recommandation concernant la *voix*.

1. Les énoncés produits à cet âge se ramènent à quelques mots sans liens grammaticaux. Le chemin est encore long vers les énoncés adultes même si la distance parcourue est déjà impressionnante. **N'attendez ni n'exigez de votre enfant qu'il parle en phrases ou qu'il utilise les mots grammaticaux avant terme.** Votre enfant ne peut comprendre les mots grammaticaux à ce stade, ni saisir les raisons d'en faire usage.

Comment faut-il lui parler? Il y a essentiellement deux choses à faire. D'une part, *parler à l'enfant* en utilisant des énoncés simplifiés, sensiblement plus longs que les énoncés de l'enfant lui-même, mais pas trop longs. Adapter son langage à celui de l'enfant n'implique pas qu'on verse dans le simplisme ou dans le doux gâtisme du soi-disant langage-bébé (par exemple, *« Ouh, le gentil mignon tout plein bébé, bébé à sa mammy-mammy, viens mon petit chouchou, donne un gros bisou-bisou, ouh garde vite le gentil toutou, wouf wouf, le toutou, gentil le toutou, toutou, viens toutou, bébé garde toutou, gentil toutou bisou bébé, wouf wouf le toutou, toutou viens, ouh le vilain toutou a fait son pissou su les gentilles fleur-fleurs de mammy, ouh,* etc. »). Il faut parler à l'enfant en phrases simples et bien articulées de façon à l'exposer au matériel linguistique qui fait défaut dans ses propres productions. Il convient, d'autre part, et c'est notre second point, d'exploiter le procédé de *correction indirecte des propos de l'enfant* signalé au chapitre 3 dans les conseils aux parents. Répondez fréquemment à votre enfant en reprenant ses propos — ce qu'il prendra pour une confirmation — et en y intégrant le matériel linguistique manquant. Par exemple, s'il vous dit : *« Amion broum broum »* répondez-lui *« Oui, le camion fait broum broum »* (plus tard, *« Oui, le moteur du camion fait broum broum »*, et encore plus tard, *« Oui, le moteur du camion fait du bruit »*). Vous aurez ainsi ajouté article et verbe à l'énoncé original. Il arrive alors que l'enfant s'efforce spontanément de répéter tout ou (le plus souvent) partie de l'énoncé corrigé, par exemple, *« Camion (f)ait broum broum »*, dans le cas précédent. Ne manquez pas de le féliciter par un sourire ou un *« Très bien »* ou quelque chose du genre immédiatement après la répétition. Vous installerez ainsi dans le comportement verbal de votre enfant un mécanisme de progrès linguistique. En effet, les spécialistes voient dans les chaînes d'intervention : production de l'enfant - correction indirecte par l'adulte - reprise par l'enfant, un des moyens par lesquels les mots grammaticaux sont progressivement intégrés au langage *spontané* de l'enfant.

2. Il arrive souvent entre 18 et 48 mois, et parfois ensuite, que l'enfant *hésite* (eee ... eee), *temporise, revienne en arrière, répète le mot précédent, reprenne plusieurs fois l'énoncé depuis le début*, en cherchant à s'exprimer. Ceci est particulièrement susceptible de se produire lorsque l'enfant est sous le coup d'une excitation, lorsqu'il a beaucoup à dire, lorsqu'il ne dispose que de peu de temps, lorsqu'il craint de perdre l'attention de l'adulte, lorsqu'il sent que l'adulte attend une réponse, et d'une façon générale lorsqu'on interroge l'enfant en public. **Ces phénomènes qui peuvent faire penser au bégaiement et au bredouillement sont normaux jusqu'à 4 ans environ.**

Nous avons observé au chapitre précédent qu'il était plus facile pour le jeune enfant de répéter le même son et la même syllabe que de produire et de combiner du matériel phonétique nouveau. La même remarque s'applique à la combinaison des mots. La réalisation d'un énoncé, autre que les formules automatisées comme *« Bonjour »*, *« Comment ça va ? »*, *« Ca va bien »*, *« Je veux un bonbon »*, *« Maman, je veux aller dehors »*, etc., représentent un véritable travail de construction pour l'enfant qui n'a pas encore automatisé les règles de formation des phrases. Cette activité de construction exige un grand effort d'attention et une mobilisation complète des potentialités mentales de l'enfant. Nous tendons à oublier cette réalité tans la pratique répétée de la langue a contribué à automatiser nos processus de codage et de décodage linguistique. La comparaison avec l'apprentissage et la pratique débutante d'une langue seconde est instructive, bien qu'imparfaite car l'enfant ne dispose pas des ressources intellectuelles de l'adulte. Néanmoins, ceux d'entre vous, amis lecteurs, qui ont fait l'expérience d'apprendre sérieusement une langue étrangère et qui ont été placés dans la situation de mettre en pratique leur début de connaissance ont une idée du caractère ardu de la tâche du jeune enfant et de la fatigue qu'un tel exercice entraîne s'il est prolongé. **Faites cadeau à votre enfant du temps dont il a besoin pour former ses phrases. Il veut vous entretenir de ce qu'il a fait et de ce qu'il pense. Donnez-lui l'occasion de le faire sans limites ni conditions de temps chaque fois que la chose est possible. Soyez attentifs à vos réactions et aux pressions que vous pourriez involontairement placer sur la performance verbale de votre enfant. N'interrompez pas inutilement son discours. Il a du mal à se reprendre. Donnez-lui confiance.** Donnez-lui l'impression que ce qu'il dit vous importe et qu'il est assuré d'avoir votre oreille chaque fois que la chose est possible. Aidez-le à s'exprimer. Soufflez-lui de temps à autre le mot sur lequel il achoppe. Faites-lui sentir qu'il n'y a là rien que de très naturel et qu'il a tout le temps devant lui pour se perfectionner et accéder à la fluidité verbale. Evitez à tout prix de relever ses hésitations et de vous moquer. On pense aujourd'hui qu'au moins certaines formes de bégaiement peuvent être favorisées par les réactions angoissées ou hostiles des parents qui s'affolent à l'occasion des répétitions et des hésitations normales de leur enfant ou qui ne peuvent les admettre et veulent forcer le développement. L'enfant en conçoit dévalorisation et angoisse et commence à manifester des troubles de l'expression qui peuvent aboutir au bégaiement et au bredouillement. **Les pseudo-phénomènes de bégaiement décrits ci-dessus sont une étape normale du développement de la fluidité verbale chez la plupart des enfants.**

Il ne convient de s'alarmer et de consulter un spécialiste que si des phénomènes *marqués, systématiques* et *permanents* de répétitions surgissent et se maintiennent après 4 et 5 ans. Ces phénomènes de bégaiement vrais sont le plus souvent accompagnés d'un blocage respiratoire avec rougissement de la face et raidissement des muscles du haut du corps.

### 3. Surveillez la voix de votre enfant

Lorsque votre enfant sentira s'accroître ses possibilités vocales, il est probable qu'il s'efforcera à certains moments de reproduire des sons et des bruits soit très aigus ou très graves, soit très intenses (imitations de cris d'animaux, de bruits de moteurs de gros camions, faire grand bruit en criant au maximum de ses possibilités, etc.) dans le but apparemment de tester les possibilités de son appareil phonatoire. Il peut arriver aussi que l'enfant cherche assidûment à imiter la voix de son père et/ou celle de sa mère, parfois même sans s'en rendre compte, et force donc son propre registre vocal. Une telle pratique, si elle est fréquente et durable, peut aboutir à une détérioration provisoire ou définitive du bon fonctionnement des cordes vocales. L'établissement d'une voix rauque ou criarde peut en résulter. Assurez une souple surveillance de la voix de votre enfant et des usages qu'il en fait. C'est là un capital considérable qu'il convient d'utiliser à bon escient. Tout changement durable (disons pendant au moins deux semaines) de la voix du jeune enfant devrait faire l'objet d'une consultation chez un médecin oto-rhino-laryngologiste.

# Chapitre 5
# Apprendre à formuler selon la langue

Formuler selon les règles de la langue, c'est, d'une part, exploiter l'arsenal des *mots grammaticaux* disponibles. C'est également rendre explicite le *cadrage temporel* dans lequel prennent place les événements décrits. C'est enfin profiter des possibilités offertes par la langue quant à la construction de *phrases complexes* comportant plusieurs propositions dont il faut alors définir et marquer au moyen de mots spéciaux, les conjonctions, les rapports de coordination et de subordination.

Nous avons opté pour une présentation de l'information pertinente sous forme de tableau. Le Tableau 6 présente un résumé des principales données disponibles sur l'apparition et le développement des *articles, pronoms, adverbes*, et des *prépositions* dans le langage de l'enfant. Le Tableau 7 présente de la même façon l'information relative au développement de la *copule* (par exemple, le verbe être dans les phrases du type «*Le ciel est bleu*»), des *auxiliaires (être* et *avoir),* et du *marquage du temps au niveau du verbe,* c'est-à-dire le développement des conjugaisons verbales. Enfin, le Tableau 8 résume le développement de la *coordination et de la subordination* dans le discours complexe. Les données sont présentées en ordre chronologique, c'est-à-dire selon l'augmentation en âge de l'enfant.

On se souviendra, cependant, que les âges moyens proposés le sont à titre indicatif. Il existe, en effet, d'importantes différences dans les âges auxquels les enfants commencent à utiliser les différentes structures linguistiques. En outre, les indications reprises aux Tableaux 6 à 8 sont relatives à la *production* par l'enfant des termes en questions. La *compréhension* des mêmes termes est souvent en avance sur la production. Ce n'est pas invariablement le cas cependant. Par exemple, les enfants commencent à utiliser les adverbes de lieu et de temps, et les temps des verbes (voir ci-après) sans en avoir une compréhension précise, d'où les erreurs d'utilisation parfois notées. En d'autres mots, l'enfant comprend souvent (mais pas toujours) un terme, une expression, une tournure grammaticale avant de l'utiliser dans son propre langage.

## LES MOTS GRAMMATICAUX

| Ages (mois) | Articles |
|---|---|
| 24 - 30 - | - Apparition de l'article indéfini «*un*» dans le langage de l'enfant. L'article «*une*» apparaît ensuite et l'accord en genre entre l'article et le nom se fait correctement. |
| 36 - 42 - | - Apparition des articles définis «*le*» et «*la*». |
| 48 - 54 - | - Les articles «*des*» et «*les*» sont produits («*aux*» est plus tardif) permettant l'accord en nombre entre l'article et le nom déterminé. |
| 60 - 66 - | - Les articles indéfinis sont souvent employés par l'enfant là où l'adulte utilise normalement l'article défini. |
| 72 - | - L'emploi des différents articles est généralement correct. |

| Ages (mois) | Pronoms personnels et possessifs |
|---|---|
| 24 - 30 - | - Le pronom «*moi*» est utilisé.<br>- Le pronom «*je*» apparaît et se combine avec («*moi, je* ...») ou se substitue au pronom «*moi*». «*Tu*» et «*toi*» apparaissent. |
| 36 - 42 - | - «*Il*» («*i*») commence à être utilisé. «*Elle*» est un peu plus tardif. Les pronoms personnels «*le*», «*la*», «*vous*», «*me*», «*te*», «*nous*», et le pronom impersonnel «*on*» commencent à être produits. |
| 48 - 54 - | - Apparition des autres pronoms personnels («*lui*», «*eux*»). |
| 60 - 66 - | - Les pronoms possessifs «*le mien*» et «*le tien*» sont produits. Ils avaient été précédés depuis l'âge de 36 mois environ par les expressions «*mon mien*», «*ton tien*» (et «*son sien*»). |
| 72 - | - Les autres pronoms possessifs apparaissent après 6 ans : «*le sien*», «*le nôtre*», «*le vôtre*», «*le leur*». |

| Ages (mois) | Prépositions et adverbes |
|---|---|
| 24 - 30 | - Les premières prépositions à apparaître sont celles marquant la possession et le bénéfice [(« à (moi) », « pour (moi) », (« auto) de (moi) »)]. |
| - 36 | - Certains adverbes exprimant le lieu sont produits (« d'dans », « d'ssus » ou « sus », « devant », « derrière »). |
| - 42 - 48 | - Suivent les prépositions de lieu (« à », « dans », « sur », « sous », « près de », « en »). La préposition « avec » pour exprimer l'accompagnement (par exemple, « avec maman ») apparaît également.<br>- « Avec » exprimant l'instrument (par exemple, « frapper avec un marteau ») est produit. |
| 54 - 60 | - Les adverbes de temps apparaissent (« aujourd'hui », « hier », « demain », « maintenant », « tout de suite », « d'abord », « tout à l'heure »). |
| 66 - 72 | - Les prépositions de temps sont produites (« avant », « après », « pendant »). |

Tableau 6 : *L'acquisition des mots grammaticaux et les âges moyens correspondants.*

## LES CONJUGAISONS VERBALES

| Ages (mois) | |
|---|---|
| 24 - 30 | - L'enfant commence à employer la copule « est » (par exemple, « Est méchant »). |
| - 36 - 42 - 48 - 54 | - L'infinitif présent est utilisé (« Je veux pas manger »).<br>L'indicatif présent est employé (« Bébé fait dodo »).<br>- Apparition des auxiliaires être et avoir rendant possible la production du passé composé (« Bébé a dormi », « Papa est parti travailler »). L'expression verbale du futur au moyen de la périphrase « va + infinitif » apparaît (par exemple, « Ça va être ma fête »).<br>Emploi de l'infinitif passé (« Il va être parti »). |
| 60 - 66 | - Le futur simple est produit (« On ira nager, hein papa ? »). L'imparfait de l'indicatif apparaît également (« Le monsieur, i disait "crac boum hue" dans la chanson »). |
| - 72 - | - Le conditionnel est produit (« On dirait la même maison que nous »). |

Tableau 7. *Le développement du marquage du temps au niveau du verbe : les conjugaisons verbales et les âges moyens correspondants.*

## COORDINATION ET SUBORDINATION

| Ages (mois) | |
|---|---|
| 24 - | - Simple juxtaposition des énoncés sans coordination (par exemple, «*Maman parti. Papa parti*»). |
| 30 - 36 - | - Les premières coordinations d'énoncés simples apparaissent (par exemple, «*Maman est parti et papa est parti*»). De fausses subordonnées relatives sont produites («*Bébé qui fait dodo*» pour «*Le bébé fait dodo*»). |
| 42 - 48 - | - Production de subordonnées relatives et complétives avec omission du pronom relatif ou de la conjonction de subordination *(«Maman dit tu dois venir»)*. |
| 54 - 60 - | - Production correcte des relatives et des complétives. |
| | - Apparition des circonstancielles de cause et de conséquence *(«Il gagne pasqu'i va vite», «Il est méchant, alors je le frappe»)*. |
| 66 - 72 - | - Les circonstancielles de temps sont produites *(«Je joue un peu avec mes autos avant d'aller dormir», «Tu viens dormir avant que je m'endors, hein papa?», «Je vais dormir après que le film est fini»)*. |

*Tableau 8. Le développement des phrases complexes: la coordination et la subordination, et les âges moyens correspondants.*

Vous aurez sans doute remarqué, amis lecteurs, que l'information présentée aux Tableaux 6, 7, et 8 ne couvre pas la totalité des mots grammaticaux, des conjugaisons verbales, et des propositions coordonnées et subordonnées. La raison en est que les données dont on dispose sur le développement de ces différentes catégories linguistiques sont encore incomplètes bien que le rythme auquel l'information pertinente s'est accumulée ces dernières années laisse à penser que les lacunes dans nos connaissances sur ces sujets seront rapidement comblées.

Par exemple, on ignore encore à peu près tout de la séquence de développement des adjectifs et des pronoms démonstratifs et indéfinis de même que de celle des pronoms relatifs (on verra au chapitre suivant pour les pronoms interrogatifs). En ce qui concerne les adjectifs possessifs, si on ignore le détail de la séquence de développement, on sait, par contre, que les adjectifs possessifs des trois premières personnes du singulier *(«ma», «ta», «sa», «mon», «ton», «son», «mes», «tes», «ses»)* sont correctement utilisés par la plupart des enfants dès trois ans. Les formes de l'adjectif possessif qui correspondent aux trois personnes du pluriel *(«notre», «votre», «leur», «nos», «vos», «leurs»)* sont plus tardives. Quant aux conjugaisons verbales, on ignore encore à peu près tout du détail du développement de certains temps comme le passé simple, sans parler des formes subjonctives encore employées en français courant comme le subjonctif présent.

Revenons aux Tableaux 6, 7 et 8 pour y faire quelques constatations intéressantes. *Quant aux articles, d'abord.* Il peut paraître surprenant qu'il faille attendre jusqu'à 6 ans en moyenne pour voir l'enfant utiliser correctement les articles. Il faut savoir que l'usage de l'article en français comporte quelques subtilités. Il importe évidemment d'accorder l'article et le nom déterminé pour le genre et le nombre (*le* cheval, *la* maison, *les* maisons). Le point délicat, cependant, concerne la distinction entre l'article défini et indéfini et les règles de leurs emplois respectifs. L'article indéfini doit être employé lorsqu'on veut désigner au partenaire dans la conversation un objet ou un événement pris dans *un sens général* (par exemple, «*Joseph a acheté une voiture*»). L'article défini, par contre, est normalement employé lorsqu'on veut désigner un objet ou un événement *particulier*, connu du partenaire à qui on s'adresse, ou dont il a été question préalablement dans la conversation (par exemple, «*Joseph a acheté la même voiture que Jacques*», ou «*Joseph a acheté la voiture de l'année*»). On comprend dès lors que cette subtile distinction, qui implique, comme on vient de le voir, la prise en considération de ce que le partenaire sait ou peut savoir d'un objet ou d'un événement donné, ne puisse être comprise et rendue par l'enfant que relativement tardivement.

*Quant aux pronoms personnels et possessifs, ensuite.* L'enfant produit généralement les pronoms personnels et possessifs de $1^{re}$ et de $2^e$ personne («*je*», «*moi*», «*tu*», «*toi*», «*le mien*», «*le tien*»), surtout au singulier, avant les pronoms de $3^e$ personne. Cela est dû au fait que l'identification du nom auquel le pronom renvoie est plus facile dans le cas des pronoms de $1^{re}$ et de $2^e$ personne que dans celui des pronoms de $3^e$ personne. Dans le premier cas, le renvoi s'effectue toujours en direction d'un des deux partenaires de la conversation (celui qui parle ou celui qui écoute : «*je*», «*moi*», «*le mien*» ou «*tu*», «*toi*», «*le tien*»). Dans le second cas, il faut chercher le nom en question en dehors de la situation de dialogue («*il*», «*elle*», «*le sien*»), soit une démarche plus compliquée, d'où le décalage observé dans l'acquisition des formes pronominales.

*Quant aux adverbes et aux prépositions.* Vous aurez sans doute noté, amis lecteurs, en examinant le Tableau 6, que les adverbes sont acquis avant les prépositions correspondantes. Par exemple, les adverbes de lieu sont produits avant les prépositions de lieu et les adverbes de temps apparaissent avant les prépositions de temps. Comment expliquer ce décalage? Il est dû vraisemblablement à la nature même de l'adverbe, d'une part, et de la préposition, d'autre part. L'emploi de la préposition rend nécessaire la production de deux termes, la préposition elle-même et le terme régi par la préposition (par exemple, «*sur la table*», «*avant le repas*»). L'adverbe est plus simple à ce point de vue puisqu'il peut être compris lorsqu'il est utilisé seul (par exemple, «*derrière*» en réponse à la question «Où est maman?»).

*Quant aux propositions circonstancielles de temps (encore dites propositions temporelles)*, enfin. Les propositions temporelles servent avec les adverbes et les prépositions de temps, les propositions coordonnées, et les conjugaisons verbales à situer les événements décrits verbalement les uns par rapport aux autres. Un événement X peut être *antérieur* à un autre événement Y, c'est-à-dire survenir avant l'événement Y. Deux événements peuvent survenir au même moment. On dit qu'ils sont *simultanés*. Un événement X peut survenir après un événement Y. X est dit alors *postérieur* à Y. L'expression des relations d'antériorité, simultanéité, et postériorité est évidemment essentielle pour le succès de nos communications. Pensez un instant, ami lecteur, amie lectrice, à l'embarras qui serait le nôtre en permanence si nous n'étions pas en mesure de situer verbalement les événements de nos existences sociales les uns par rapport aux autres (Passera-t-il me prendre avant ou après sa journée de travail ? Téléphonera-t-il pendant son séjour ?). On a noté le caractère tardif de l'apparition des circonstancielles temporelles par contraste avec d'autres circonstancielles comme celles de cause et de conséquence (Tableau 8). Le décalage est dû à la complexité de l'expression des relations de temps entre les événements relatés. Il est plus simple de signaler la cause probable d'un événement (par exemple, «*I pleut pasque le soleil il est fâché*») que de situer un événement dans le temps par rapport à un autre événement («*Il a plu après qu'on est revenu de chez tonton Jacques*»). Une difficulté supplémentaire rencontrée par l'enfant jusqu'à 9 et 10 ans est celle de concevoir qu'on peut parfaitement faire rapport verbalement sur les événements sans nécessairement respecter dans l'énoncé l'ordre réel dans lequel ils se sont produits, à condition d'utiliser proprement les conjonctions, les adverbes, les prépositions de temps, et les conjugaisons verbales. Par exemple, on peut dire *«Il a plu avant que je parte»*, l'ordre d'énonciation (1. pluie, 2. départ) respectant alors l'ordre réel des événements. On peut dire également *«Je suis parti après la pluie (après qu'il eût plu)»* sans que l'ordre d'énonciation 1. départ, 2. pluie) corresponde à l'ordre réel des événements (1. pluie, 2. départ). Jusqu'à 9 et 10 ans, l'enfant ne comprend aisément et n'utilise le plus souvent que des ensembles proposition principale et proposition subordonnée circonstancielle de temps dont l'ordre d'énonciation correspond à l'ordre de succession des événements.

---

## POINTS DE REPERE

De 24 à 72 mois, on se reportera aux Tableaux 6, 7 et 8, dans les pages précédentes, pour une série d'indications relatives au développement des articles, pronoms personnels, pronoms possessifs, prépositions, adverbes, pour le développement des conjugaisons verbales, pour le développement de la coordination et de la subordination dans les phrases complexes, de même que pour une spécification des âges moyens qui correspondent à l'apparition de ces différentes structures dans le langage de l'enfant.

## CONSEILS AUX PARENTS

Les acquisitions linguistiques faites par l'enfant entre 2 et 6 ans qui font l'objet de ce chapitre sont impressionnantes. Elles assurent le passage du langage-bébé à un niveau de langage désormais proche de celui de l'adulte. Comment favoriser le développement linguistique de votre enfant pendant cette période ? Il y a plusieurs façons.

1. **En comprenant bien la loi de séquence à laquelle obéit le développement linguistique et en y conformant vos attentes et vos interventions**

   Ainsi que l'illustrent bien les Tableaux 6, 7 et 8, le développement linguistique, et en particulier le développement des mots grammaticaux, des conjugaisons verbales, et la construction et la structuration des phrases complexes, se fait selon un ordre relativement précis. Certaines structures apparaissent avant d'autres et pavent ensuite le chemin, pour ainsi dire, pour les structures qui apparaissent ensuite. Par exemple, la production par l'enfant des propositions subordonnées complétives avec omission de la conjonction de subordination (« *Mon papa dit tu dois venir* » précède normalement et prépare la production des complétives avec conjonction de subordination « *Mon papa dit que tu dois venir* »). Les séquences de développement ont à voir avec la difficulté relative des différentes structures linguistiques. Nous avons documenté dans les pages précédentes la gradation dans la difficulté à comprendre et à utiliser certains articles, pronoms, adverbes, prépositions, et certaines propositions comme les propositions circonstancielles de temps.

   Il est souhaitable que les parents conforment leurs attentes et leurs interventions avec les enfants aux séquences normales du développement linguistique. Il ne sert à rien en effet de tenter de faire produire à l'enfant des formes avancées s'il n'a pas déjà mis à son répertoire les formes immédiatement précédentes dans la séquence de développement. Par contre, il est indiqué de concentrer son attention et ses efforts sur les formes qui suivent immédiatement la forme déjà acquise dans une séquence de développement donnée. Par exemple, il est déraisonnable et inutile de tenter de faire pression sur l'enfant ou de s'attendre à ce qu'il utilise correctement les articles quant aux accords en genre et en nombre avec le nom déterminé et quant au sens défini ou indéfini dans lequel il faut entendre le nom que l'article accompagne, dès les premières utilisations de l'article. De même, le fait que l'enfant ait maîtrisé l'accord en genre entre l'article et le nom aux environs de 36 mois (« *le cheval* », « *la table* », « *un bébé* », « *une voiture* »), n'implique nullement que l'accord en nombre doive suivre immédiatement, (« *les chevaux* », « *les tables* », « *des bébés* », « *des voitures* »), ni que les articles définis et indéfinis doivent être employés avec un parfait à propos selon le caractère particulier ou général du sens du mot que l'article accompagne. Par contre, il est habile d'attirer l'attention de l'enfant sur la nécessité de l'accord en nombre entre l'article et le nom dès que l'accord en genre est pratiqué correctement, et ensuite sur l'emploi correct des définis et des indéfinis lorsque les principaux articles font partie du répertoire de l'enfant et que les accords en genre et en nombre entre article et nom ne font plus problème. On corrigera également les productions de l'enfant selon un calendrier inspiré des séquences normales de développement. Les corrections seront soit directes, et dans ce cas on les utilisera avec mesure, soit indirectes selon la technique exposée aux chapitres 3 et 4 dans les conseils aux parents. Il s'agit, dans ce dernier cas, rappelons-le encore, de reprendre les propos de l'enfant en les enrichissant (par exemple, enfant : « *Papa a dit tu dois venir manger* », adulte : « *Oui, papa a dit que tu dois venir manger* ») ou en y effectuant l'une ou l'autre rectification (par exemple, enfant : « *C'est sa voiture de son papa* », adulte : « *Oui, c'est la voiture de son papa* »).

2. L'acquisition des mots grammaticaux, des conjugaisons verbales et le développement de la capacité de produire des phrases complexes vont permettre à l'enfant d'exprimer graduellement des avis plus élaborés et susceptibles d'être dégagés du contexte de l'action immédiate. Le langage du jeune enfant est directement lié à l'action en cours ou à celle qui va démarrer. C'est un langage d'action sans indication de temps et sans guère de structure interne puisqu'il y manque les mots grammaticaux qui sont les murs de soutien de la construction de l'édifice verbal. Les développements grammaticaux qui interviennent dans le langage de l'enfant entre 2 et 6 ans vont lui permettre d'élargir son champ de parole de l'action immédiate c'est-à-dire du ici et là, à n'importe quelle situation passée, présente ou future que l'enfant désire décrire verbalement. **Une bonne façon de favoriser cet élargissement de l'utilisation du langage, et donc de pousser à l'emploi des mots grammaticaux, au marquage explicite du temps, et à la structuration du discours, est d'amener l'enfant, au moyen de questions notamment, à s'exprimer à propos du passé et du futur** (passé ou futur immédiats ou proches, certes). Des questions du type « *Qu'as-tu fait ce matin ? raconte* », « *Qui as-tu vu ?* », « *A quoi as-tu joué ?* », « *Chez qui as-tu été ?* », « *Qui as-tu rencontré en promenade ?* », « *Qu'a-t-on fait à l'école ce matin ?* », « *Où va-t-on ce soir ?* », « *Qui vas-tu inviter pour ton anniversaire ?* », « *Quand irons-nous visiter grand-papa et grand-maman ?* », etc. associées à de brèves discussions avec l'enfant sur des sujets divers mais qui engagent soit le passé soit le futur immédiat sont très indiquées.

Une activité particulièrement intéressante dans cette perspective est celle du *téléphone,* non pas le téléphone jouet qui ne peut amuser que le tout-petit et où l'enfant ne peut apprendre grand-chose puisqu'il ne peut s'adresser qu'à lui-même, mais le vrai téléphone. La sonnerie du téléphone et le rituel de la communication téléphonique fascinent très tôt l'enfant. Il se précipite aussi vite qu'il peut pour être le premier à décrocher le cornet du téléphone dès que la sonnerie retentit. Tolérez ce commerce, amis parents, malgré les quelques inconvénients que cela peut présenter de temps à autre, et vous aurez bientôt, premièrement, la satisfaction de voir votre enfant apprendre à recevoir une communication téléphonique (partant du silence avec les yeux écarquillés lors des premières réceptions jusqu'au relai en bonne et due forme, plus tard, avec un « *Maman, c'est pour toi* », par exemple) et, secondement, l'avantage de familiariser votre enfant avec une situation qui requiert l'utilisation d'un langage explicite. En effet, les deux interlocuteurs d'une conversation téléphonique n'ont pas sous les yeux la situation, l'événement, l'objet, dont ils parlent. Le langage échangé, pour être intelligible, doit être *explicite,* c'est-à-dire faire un large usage des moyens grammaticaux offerts par la langue pour éviter l'ambiguïté. Quel exercice meilleur et plus naturel imaginer pour favoriser chez l'enfant la pratique de l'expression explicite et grammaticale ?

# Chapitre 6
# Les fonctions du langage et les différents types de phrase

Quel que soit le contenu des messages que nous transmettons verbalement à nos interlocuteurs, nous formulons ces messages de telle façon que le récepteur peut immédiatement déterminer, à condition de connaître la langue, quel type de réponse ou de réaction nous attendons de sa part. Comment cela est-il possible?

Cela est possible parce que nous marquons nos phrases différemment selon leur *fonction*, c'est-à-dire selon le but poursuivi en les produisant. Les buts poursuivis sont essentiellement au nombre de trois: 1. Exprimer une opinion ou transmettre une information, 2. Donner un ordre ou formuler une requête, et 3. Demander une information. A ces trois fonctions du langage, correspondent quatre types de phrases.

Les phrases *déclaratives* (actives ou passives, affirmatives ou négatives) n'exigent pas de réponse particulière de la part du récepteur. Ce sont des commentaires, des descriptions, ou de simples constats (par exemple, *« Il fait beau »*, *« Il ne fait pas beau »*, *« Le tracteur remorque la voiture »*, *« La voiture est remorquée par le tracteur »*.

Les *exclamatives* ne diffèrent pas des déclaratives sinon par l'intonation et éventuellement par l'adjonction d'une interjection *(« Ah, qu'il fait beau! »)*.

Les phrases *impératives* impliquent une réponse ou une réaction bien particulière de la part du récepteur (par exemple, *« Ferme la porte »*, *« Dites-moi votre âge »*). De façon à marquer ces phrases comme intimant un ordre, la langue française prévoit qu'on se dispense d'exprimer le sujet du verbe. Les impératives sont donc des déclaratives tronquées du sujet du verbe (principal).

Les phrases *interrogatives* stipulent au récepteur qu'il doit, sous peine de voir la conversation prendre fin, fournir au locuteur une information déterminée. Il y a deux grandes catégories de questions. Elles ont à voir avec le degré de liberté laissé à l'interlocuteur dans la réponse attendue. Il y a d'bord *les questions oui - non*. Elles sont formulées de telle façon que le choix de la réponse est restreint à *« Oui »* ou *« Non »*. Le locuteur posant une question de ce type, restreint donc considérablement la marge de liberté laissée à l'interlocuteur dans sa réponse (par exemple, *« Fait-il beau ? »*, *« Est-ce qu'il pleut »*, *« Il fait beau ? »*). Les phrases interrogatives oui-non sont marquées de trois façons possibles. Ce sont soit des déclaratives que l'on prononce avec une intonation montante à la fin de la phrase par opposition à l'intonation descendante qui signale la déclarative. Par exemple,

*Déclarative : Il fait beau*
*Interrogative : Il fait beau ?*

Ce sont des déclaratives introduites par la locution *« Est-ce que »* qui signale la question, ou encore des déclaratives dont on a interverti l'ordre normal du sujet et du verbe (*« Fait-il beau ? »* au lieu de *« Il fait beau »*, *« A-t-il mangé ? »* au lieu de *« Il a mangé »*).

La seconde catégorie de questions est celle des *« Questions-Q »*. Les questions de ce type sont introduites et signalées par un « mot interrogatif » (pronom ou adverbe interrogatif) : *qui, que, qu', à quoi, à qui, quel, pourquoi, où, quand,* et *comment*. Le renversement de l'ordre normal du sujet et du verbe s'y trouve également. Par exemple, *« Que dit-il ? »*, *« Quand viendra-t-il ? »*, *« A, quoi pense-t-il ? »*, etc. Il est intéressant de noter que seules parmi les interrogations, les questions du type *« Il fait beau ? »* ont recours à une intonation particulière (montante sur le dernier mot) tandis que les autres questions utilisent la même intonation que les phrases affirmatives (intonation descendante sur le dernier mot). La raison en est que l'intonation montante est la seule façon de distinguer la déclarative *« Il fait beau »* de la question *« Il fait beau ? »*, tandis que les autres interrogatives ont d'autres moyens à leur disposition (mots interrogatifs, ordre verbe-sujet) pour se signaler comme telles. Nous récapitulons ci-dessous les types de questions :

*Interrogatives oui-non ;*
Il a neigé ?
Est-ce qu'il a neigé ?
A-t-il neigé ?
*Interrogatives - Q :*
Quand a-t-il neigé ?
Où a-t-il neigé ?
Comment a-t-il neigé ?
Pourquoi neige-t-il ?
Qui a dit qu'il neigerait ?
A qui la neige profite-t-elle ?
Que faut-il pour qu'il neige ?

A quoi la neige vous fait-elle penser ?
Quelle sorte de neige était-ce ?

## Le développement des différents types de phrase

Le jeune enfant aux tout débuts du langage, ne marque pas ses productions de façon à permettre au récepteur de savoir si ce qui est dit doit être pris comme une exclamation, une requête, une question, ou un commentaire. C'est à l'entourage de deviner en s'aidant de la situation et de ce qu'on sait de l'enfant.

Le premier élément de marquage selon la fonction à être utilisé, et le plus facile à repérer dans le parler de l'adulte, est l'*intonation*. L'enfant se sert alors de l'intonation pour stipuler à l'adulte si le mot produit est un ordre (*« bonbon »*, c'est-à-dire *« Donne-moi un bonbon »*), une question (*« Bonbon ? »*, c'est-à-dire *« Est-ce un bonbon ? »*), une exclamation (*« Bonbon ! »*, c'est-à-dire *« Regarde ! un bonbon, ô merveille ! »*), ou encore un simple constat (*« Bonbon »*, c'est-à-dire *« C'est un bonbon »*). Les seules productions négatives à ce stade sont les mots-phrases *« Non »*. Ce stade est généralement atteint entre 15 et 24 mois. On trouve également à cette époque, ou peu après, des ébauches de questions-Q par production de mots interrogatifs isolés, et le plus souvent stéréotypés, (par exemple, *« Qui ? »* en désignant du doigt ou du regard une personne ou un objet, de même *« Quoi ? »*).

Au cours d'une seconde étape qui s'étend jusqu'à 48 mois environ, l'enfant produit des énoncés négatifs et interrogatifs à plusieurs mots (en plus évidemment des énoncés affirmatifs, impératifs et exclamatifs à plusieurs mots). Les énoncés négatifs produits à ce moment apposent seulement la négation (*« Non »*, *« Pas »*) devant ou derrière ce qui constituerait autrement un énoncé affirmatif (par exemple, *« Pas dodo »* *« Pas dodo bébé »*, *« Dodo non »*, ou encore *« Dodo bébé non »*). L'enfant peut rejeter une proposition qu'on lui fait, un ordre qu'on lui donne *(« Pas laver bébé »)*. Il peut également nier l'existence d'une entité ou d'une relation *(« Pas mouillé »*, c'est-à-dire *« Je ne suis pas mouillé »)*. Il peut encore refuser comme erroné ou inacceptable un message transmis *(« Pas fille »*, c'est-à-dire *« Je ne suis pas une fille »* — *vous faites erreur* — *je suis un garçon »)*. Il convient de noter dans toutes ces productions que l'élément négatif n'est pas intégré à la structure de l'énoncé mais simplement annexé à celui-ci. Comparez *« Pas garçon »* avec *« Je ne suis pas un garçon »*. L'intégration de la négation dans la structure de la phrase négative interviendra plus tard.

Quant aux énoncés interrogatifs produits au cours de cette seconde étape de développement, ils utilisent soit l'intonation montante sur le dernier mot d'un énoncé qui autrement est un énoncé déclaratif (par exemple, *« I vient, le petit garçon ? »*). Des questions sont produites également qui font usage des mots interrogatifs (par exemple, *« A qui c'est ça ? »*, *« Qui fait ça ? »*, *« C'est *quoi ça?* », « *Pourquoi tu fais ça?* », « *Où tu es, papa?* », « *Où il est, mon ballon?* », « *Comment tu fais?* », « *Quand i vient, parrain?* », etc.). Enfin, des questions sont produites au moyen de « *Est-ce que* » suivi d'un énoncé déclaratif (par exemple, « *Est-ce qu'i vient jouer?* »). Le point commun des énoncés interrogatifs produits à ce stade est qu'aucun ne met en pratique l'inversion de l'ordre normal du sujet et du verbe qui, nous l'avons vu, est de règle dans la langue adulte pour plusieurs types de questions. Ces inversions sujet-verbe apparaîtront plus tard dans le langage de l'enfant.

Il y a un ordre approximatif dans lequel les mots interrogatifs apparaissent dans le langage de l'enfant. « *Qui?* », « *A qui?* », et « *Quoi?* » (« *C'est quoi?* » sont les premiers mots à apparaître, suivis de « *Où?* », tandis que « *Quel(le)?* », « *Quand?* », « *Pourquoi?* », et « *Comment?* » sont plus tardifs. La raison est qu'il faut avoir atteint un niveau de développement intellectuel plus avancé pour s'inquiéter du quand ou pourquoi, et du comment des choses que pour s'interroger et interroger l'interlocuteur à propos du sujet *(« Qui »)*, de l'objet *(« Quoi »)*, du possesseur ou du bénéficiaire *(« A qui »)*, et de la localisation *(« Où »)* d'une chose ou d'un événement. En d'autres termes, l'enfant accroche à son répertoire les mots interrogatifs dans un ordre qui correspond à la difficulté de ces mots d'un point de vue intellectuel.

Au cours d'une troisième étape, de 4 à 6 ans environ, les phrases négatives sont produites avec intégration de la négation dans la structure même de la phrase (par exemple, « *Bébé pas dodo* », « *Moi pas dodo* », « *Je vais pas dodo* », « *Je vais pas faire dodo* », « *Je ne vais pas faire dodo* »). Progressivement également, bien que cela prenne davantage de temps, le renversement de l'ordre habituel du sujet et du verbe intervient dans les phrases interrogatives là où il doit intervenir. Ce dernier développement s'étale généralement sur une période de temps relativement longue (plusieurs années). La raison en est la difficulté de l'opération de renversement elle-même dans certains cas (par exemple, « *Léon est-il venu?* », où on ne peut dire « *Est Léon venu?* » de même « *La crème est-elle bonne?* » au lieu de « *Est la crème bonne?* »). Les complexités de la langue française ne sont pas négligeables. Comparez l'ordre de placement des différents mots dans les phrases interrogatives suivantes : « *Qui a vendu la mèche?* », « *Pierre a vendu la mèche?* », « *Il a vendu la mèche?* », « *Est-ce que Pierre a vendu la mèche?* », « *Pierre a-t-il vendu la mèche?* », « *Quand Pierre a-t-il vendu la mèche?* », etc.

On comprend, dès lors, qu'il faille plusieurs années à l'enfant pour démêler le délicat écheveau des différents types de phrases et commencer à démontrer une maîtrise du système. Et encore n'avons-nous pas envisagé les pièces les plus compliquées de la mécanique grammaticale comme les phrases négatives-passives-interrogatives, par exemple, « *La mèche n'a-t-elle pas été vendue par Pierre?* ». Ces pièces finement travaillées de la collection grammaticale sont comprises et produites encore plus tardivement par l'enfant.

## POINTS DE REPERE

Votre enfant devrait être capable de faire ce qui suit aux âges approximatifs indiqués ci-dessous :

*Avant 30 mois :*
- Comprendre et produire des requêtes et donner des ordres, faire des déclarations affirmatives, poser des questions, en utilisant l'intonation. Nier ou refuser verbalement en plaçant la négation au début ou à la fin de l'énoncé à plusieurs mots (par exemple, « *Pas dodo* »).

*Vers 36 mois :*
- Comprendre et produire des questions en utilisant certains mots interrogatifs (« *Qui* », « *Quoi* », « *A qui* », « *Où* ») sans renversement de l'ordre habituel sujet-verbe (par exemple, « *Où il est, mon camion ?* »).

*Vers 48 mois :*
- Comprendre et produire des phrases négatives en intégrant la négation dans le corps de la phrase (par exemple, « *Bébé n'a pas dormi* »).

*A partir de 60 mois :*
- Comprendre et produire des phrases-questions avec renversement de l'ordre habituel sujet-verbe (par exemple, « *Où est mon ballon ?* »).

## CONSEILS AUX PARENTS

La maîtrise par l'enfant du délicat système de construction des différents types de phrase est un sujet d'émerveillement. LE DEVELOPPEMENT PREND DU TEMPS (5 ans au minimum). Il se fait graduellement selon une progression prévisible et que nous avons dégagée. Comme pour l'acquisition des mots grammaticaux, de la coordination et de la subordination, et du marquage du temps, **il est souhaitable, amis parents, que vous conformiez vos attentes et vos réactions au langage de votre enfant au « calendrier naturel » du développement des différents types de phrase.**

On attendra de l'enfant qu'il fasse d'abord un usage exclusif de l'intonation de façon à préciser la nature de l'énoncé transmis : ordre, question, ou déclaration. Un peu plus tard, les négatives et les interrogatives apparaissent formées d'une façon qui est particulière à l'enfant : la négation reste extérieure au noyau de la phrase et l'ordre normal de succession du sujet et du verbe reste inchangé dans les questions. Enfin, les formes adultes sont utilisées. Le chemin est long et difficile. Il ne sert à rien d'exiger d'un enfant de deux ans qu'il intègre l'élément négatif dans le noyau de la phrase, ni de le corriger systématiquement en ce sens. De même, il ne sert à rien de faire pression sur un enfant de trois ans pour qu'il inverse l'ordre habituel du sujet et du verbe dans les phrases interrogatives qui l'exigent selon les règles de la langue adulte. Il faut attendre le moment favorable. Voyez le calendrier du développement donné à la page précédente pour programmer les pressions et les corrections qui visent à favoriser l'acquisition des structures en question. En d'autres termes, il est habile d'attendre le moment favorable pour donner le « coup de pouce éducatif » à l'acquisition des différents types de phrase et particulièrement des phrases négatives et interrogatives.

Il est un moyen éducatif que l'on peut utiliser en permanence, cependant. C'est celui qui consiste à **« parler clairement et distinctement à l'enfant »**. L'articulation claire des éléments négatifs dans les phrases négatives contribue certainement à sensibiliser l'enfant à ces éléments et à leur position dans l'organisation de l'énoncé négatif. Il en va de même pour les places respectives des différents éléments dans les phrases interrogatives (sujet nominal, verbe principal, auxiliaire, participe passé, et pronom, selon les cas).

# Chapitre 7
# Ce qui est acquis aux alentours de 6 ans et ce qui reste à acquérir

Les acquisitions linguistiques faites par l'enfant pendant les six premières années sont impressionnantes. Le nouveau-né peut seulement vagir. L'enfant de 6 ans dispose d'un langage qui se rapproche sensiblement du langage adulte et il est prêt à apprendre un second système de symboles: le langage écrit. Il est étonnant qu'autant de choses puissent être apprises en aussi peu de temps.

Rappelons rapidement ce qui est acquis aux alentours de 6 ans.

L'enfant de 6 ans a généralement maîtrisé le mécanisme des différents sons caractéristiques de la langue. Il peut les produire et les répéter à volonté à l'*état isolé*. Il n'est pas rare, toutefois, qu'une petite imperfection subsiste encore pour quelque temps dans l'articulation des plus difficiles parmi les sons du français, notamment les *ch*, les *j*, les *s*, et les *z*.

Quant au vocabulaire, environ 2.500 mots sont compris par l'enfant de 6 ans. On peut estimer à à peu près la moitié le nombre de mots qui figurent à son répertoire. Il s'agit certainement des mots qui correspondent aux préoccupations, aux intérêts, et aux capacités intellectuelles de l'enfant.

Les règles qui dirigent en français la formation des phrases simples sont acquises. Ces phrases doivent comporter plusieurs mots dont un sujet et un verbe disposés dans un ordre bien précis. Les principales règles qui président à la construction des phrases complexes (c'est-à-dire celles qui comportent plusieurs propositions coordonnées ou surbordonnées) sont également acquises ou en bonne voie d'acquisition. L'enfant de 6 ans est capable d'exprimer le caractère défini ou indéfini du mot référé au moyen du choix de l'article. Il accorde le plus souvent correctement les articles, adjectifs, pronoms et noms, de même que les sujets et verbes. Il est capable de situer correctement un événement dans l'espace, au moyen des divers adverbes et prépositions. La localisation dans le temps est en voie d'acquisition avec l'usage des différents temps du verbe et des adverbes et prépositions de temps. L'enfant de 6 ans formule avec maîtrise les différents types de phrase sauf en ce qui concerne les phrases déclaratives à la voix passive (par exemple, « *Le chariot est tiré par le tracteur* »). Il éprouve encore certaines difficultés, la plupart du temps à formuler certaines questions, par exemple, celles qui impliquent l'emploi de la négation, l'inversion de l'ordre du sujet et du verbe, et l'emploi du pronom personnel en rappel du sujet (par exemple, « *Maman n'a-t-elle pas eu le temps de manger?* »).

### Ce qui reste à acquérir

Si les acquisitions linguistiques de l'enfant de 6 ans sont impressionnantes, il s'en faut cependant qu'elles recouvrent entièrement celles qui constituent le répertoire de l'adulte. En d'autres termes, un développement linguistique non négligeable intervient entre 6 ans et l'adolescence et particulièrement entre 6 et 10 ans. Il convient de ne pas l'oublier. Les acquisitions et les mises aux points qui prennent place pendant cette période concernent des aspects plus mineurs du système linguistique que les développements fondamentaux qui interviennent avant 5 ou 6 ans. Il demeure que ces aspects plus mineurs doivent être acquis avant qu'on puisse considérer le développement linguistique comme terminé. L'école joue un rôle non négligeable dans les développements dont il va être question. Elle joue un rôle au moins de deux façons. Il y a, d'une part, les « pressions » linguistiques que les enfants font peser les uns sur les autres et celles que les maîtres font peser sur les enfants, pour qu'ils parlent correctement ou de la façon qui est valorisée par le groupe. Un enfant qui ne peut prononcer les *« r »* ou qui articule notoirement mal les *« ch »*, les *« j »*, ou les *« s »*, peut être l'objet de commentaires peu flatteurs de la part de ses camarades de classe et se voir ainsi contraint de tenter d'améliorer son articulation. D'autre part, les activités scolaires de réflexion organisée sur le langage et les règles de grammaire, les activités d'analyse, et les exercices d'expression et de formation de phrases, contribuent aux développements linguistiques qui interviennent entre 6 et 12 ans.

Sur le plan des sons caractéristiques de la langue, la période d'après 6 ans voit une nette amélioration de la prononciation des consonnes difficiles (*« ch »*, *« j »*, *« s »*, *« z »*, *« l »*, et *« r »*) lorsque ces consonnes sont combinées à d'autres sons dans des mots relativement difficiles à prononcer. On assiste donc entre 6 et 10 ans à une stabilisation de la prononciation, stabilisation à laquelle l'apprentissage de la lecture et les activités d'analyse auditive et vocale qu'elle entraîne nécessairement, ne sont pas étrangères.

Sur le plan du vocabulaire, le développement ne s'arrête évidemment pas à 6 ans, ni à 10 ans. Nous apprenons de nouveaux mots pendant toute la durée de notre existence bien qu'à un rythme ralenti avec l'augmentation en âge.

L'étendue du vocabulaire d'une personne adulte cultivée est de plusieurs dizaines de milliers de mots.

Sur le plan de la grammaire et des mots grammaticaux, nous avons signalé au chapitre précédent les principaux développements qui se poursuivent après 6 ans. Ils concernent notamment la production de certains pronoms comme les pronoms possessifs (« Le nôtre », « le vôtre », « le leur »), la compréhension du sens exact et la production de certains adverbes et prépositions d'espace et de temps (par exemple, « *extérieurement* », « *intérieurement* », « *à l'extérieur de* », « *à l'intérieur de* », « *auparavant* », « *antérieurement* », « *postérieurement* », « *dans l'immédiat* », etc.), l'emploi des temps non encore acquis de la conjugaison verbale (comme le conditionnel passé, « *Si mammy serait venue en hiver, elle aurait pu skier* », et le plus-que-parfait, « *Elle n'avait pas encore mangé* »). La concordance des temps entre la proposition principale et la proposition subordonnée selon les règles de la langue adulte (« *Si mammy était venue en hiver, elle aurait pu skier* », et la maîtrise de l'emploi des diverses propositions circonstancielles (par exemple, les circonstancielles de but, « *Pour que tout le monde soit content, il faudrait qu'il fasse beau* », celles d'hypothèse, « *S'il fait beau demain, nous irons au parc* ») — y compris les propositions circonstancielles de temps que l'ordre d'énonciation corresponde ou non à l'ordre réel des événements (« *Dès qu'il aura fini de pleuvoir, nous partirons* », « *Nous partirons dès qu'il aura fini de pleuvoir* »).

Il est quelques autres aspects du développement linguistique après 6 ans qui méritent mention.

Le français utilise peu la voix passive. Guère plus de 4 à 5 % de nos phrases adultes sont formulées à la voix passive (par exemple, « *Le cheval est monté par le cavalier* », « *Le médicament est prescrit par le médecin* », « *Votre séjour est tous frais payés* », etc.). Les phrases à la voix passive ont une structure particulière. Elles font figurer en début de phrase le mot qui est en fait le récipiendaire, c'est-à-dire l'objet, de l'action décrite par le verbe. Dans les exemples donnés ci-dessus, les mots « *cheval* », « *médicament* » et « *séjour* » sont les objets réels, des actions décrites respectivement par les verbes « *monter* », « *prescrire* », et « *payer* ». Les auteurs, c'est-à-dire les sujets réels, des actions décrites dans les phrases passives figurent en fin de phrase précédés de la préposition « *par* » ou bien ils sont omis. Dans ce dernier cas, on parle de phrase passive tronquée. La phrase « *Votre séjour est tous frais payés* » illustre un cas de ce genre. Les phrases passives sont plus difficiles à comprendre et à produire, même pour un adulte, que les phrases correspondantes à la voix active (c'est-à-dire, « *Le cavalier monte le cheval* », « *Le médecin prescrit le médicament* », et « *Quelqu'un a payé tous les frais de votre séjour* », dans les exemples donnés ci-dessus). On a trouvé, en effet, qu'un adulte met davantage de temps à comprendre ou à produire une phrase passive que la phrase active correspondante. Pourquoi cette difficulté particulière de la phrase passive ? La difficulté provient de ce que la phrase passive, comme nous l'avons illustré ci-dessus, renverse l'ordre le plus habituel de présentation du sujet réel et de l'objet réel de l'action décrite par le verbe. En d'autres termes, la phrase passive décrit la réalité d'une façon moins habituelle que la phrase active. Il est, en effet, plus habituel de dire *« Le cavalier monte le cheval »* que *« Le cheval est monté par le cavalier »* et *« Le médecin prescrit le médicament »* que *« Le médicament est prescrit par le médecin »*. La phrase passive, pour ainsi dire, et comparée à la phrase active, regarde le monde par l'autre bout de la lorgnette.

Les caractéristiques de la phrase passive expliquent l'acquisition tardive de ce type de phrase par l'enfant. Vers 4 et 5 ans, l'enfant peut comprendre celles parmi les phrases passives qui ne sont pas *renversables*. Par exemple, *« Le cheval est monté par le cavalier »*, est une phrase passive non renversable. En effet, il n'arrive que très exceptionnellement dans l'univers qui est le nôtre qu'un cavalier soit monté par un cheval. Vers 7 ou 8 ans, l'enfant produit les premières passives et exhibe les premiers signes d'une compréhension des passives *renversables* (par exemple, *« Le garçon est poussé par la fille »*, *« La fille est poussée par le garçon »*). Jusqu'à ces âges, l'enfant a de la difficulté à comprendre qu'un même événement puisse être décrit en se plaçant à deux points de vue : le point de vue du garçon, dans la phrase *« Le garçon est poussé par la fille »*, et le point de vue de la fille *« La fille est poussée par le garçon »*. Avant 7 et 8 ans, l'enfant a tendance à interpréter les phrases passives renversables comme s'il s'agissait des actives correspondantes. Il comprendra la phrase *« Le garçon est poussé par la fille »* comme s'il s'agissait de la phrase *« Le garçon pousse la fille »*. Bien qu'un début de compréhension des passives renversables soit évident vers 7 ou 8 ans, ce n'est pas avant environ 10 ans que leur compréhension est parfaitement assurée.

*Utiliser le langage et réfléchir sur le langage sont deux choses différentes.* L'enfant commence à parler dans le courant de la seconde année. Il ne manifeste, cependant, guère de prise de conscience des mécanismes de la langue avant environ 6 ou 7 ans. A ces âges, l'enfant démontre les premières indications d'une capacité de juger un énoncé sur le point de savoir s'il est conforme ou non aux règles de base de la langue. Si on l'interroge sur le point de savoir si une phrase comme *« Ma voiture quatre roues a »* est correcte grammaticalement parlant (on dira « belle » ou « bien faite » à l'enfant), l'enfant de 6 ou 7 ans répondra généralement par la négative et se montrera capable de corriger la phrase proposée, prouvant ainsi qu'il peut non seulement produire et comprendre les phrases de la langue mais aussi juger de leur correction. Avant 6 ou 7 ans, l'enfant ne peut faire la distinction entre le sens ou la valeur de vérité d'un énoncé (c'est-à-dire, est-ce qu'un énoncé est vrai ou faux ?) et le bien-formé grammatical de l'énoncé. Il répondra généralement qu'une phrase comme *« Ma voiture a deux roues »* est mal faite *(parce qu'il se base sur le sens pour juger de la correction de la phrase)* tandis qu'une phrase comme *« ma voiture ont quatre roues »* sera jugée correcte *(pour la même raison)*.

Vous aurez sans doute noté, amis lecteurs, que le début du développement de la prise de conscience par l'enfant des mécanismes grammaticaux de la langue à partir de 6 et 7 ans est contemporain du développement de la compréhension et de la production des phrases passives. Il n'y a là rien que de normal. En effet, la compréhension et la production des phrases passives exigent, comme on l'a vu plus haut, une analyse de l'ordre des mots dans la phrase. Cette capacité d'analyser les phrases selon la forme (par opposition au sens) est nécessaire pour permettre à l'enfant de participer aux activités d'analyse proposées à partir du degré moyen de l'enseignement primaire. Ces activités grammaticales scolaires, à leur tour, contribuent à favoriser chez l'enfant la prise de conscience des mécanismes et du fonctionnement de la langue.

Une autre indication de la sensibilisation de l'enfant à la forme du langage vers 6 et 7 ans est la suivante. Les enfants de ces âges mis en présence d'enfants plus jeunes sont capables de simplifier leur langage de façon à ce qu'il soit plus facilement compris par le jeune enfant: ils parlent plus lentement et plus distinctement, raccourcissent leurs phrases, utilisent des mots de vocabulaire plus simples, et évitent les tournures complexes. Ce comportement n'est possible, évidemment, que parce que l'enfant de 6 et 7 ans a commencé à prendre conscience des rapports entre le sens et la forme des énoncés.

## POINTS DE REPERE

Les principaux développements qui interviennent ou se prolongent au-delà de 6 ans dans le langage de votre enfant sont indiqués ci-dessous.
- Stabilisation de l'articulation des sons tardifs: «ch», «j», «s», «z».
- Augmentation du nombre de mots compris et utilisés.
- Continuation de l'acquisition des mots grammaticaux (certains pronoms comme les possessifs «le nôtre», «le vôtre», «le leur»; certains adverbes et certaines prépositions), de la conjugaison verbale, et maîtrise progressive de l'emploi des propositions subordonnées et notamment des propositions circonstancielles de temps (par exemple, «après avoir mangé, on regarde la télévision»).
- Compréhension et production des phrases passives (par exemple, «Les routes sont dégagées par le chasse-neige»).
- Prise de conscience progressive des aspects formels du langage.

# Chapitre 8
# Comment faut-il parler à votre enfant ?

L'enfant en tant qu'être humain dispose des organes (oreilles, larynx, nez et bouche) et de l'équipement nerveux (nerfs et cerveau) nécessaires pour l'acquisition et l'utilisation du langage. Ces dispositions propres à l'espèce humaine sont évidemment indispensables. Aucun animal même longuement entraîné n'approche le niveau linguistique d'un enfant normal de trois ans. Des recherches récentes ont montré, cependant, qu'il est possible d'apprendre un langage très simple — comportant une centaine de mots combinables en énoncés de 1, 2, ou 3 mots — aux singes supérieurs et surtout aux chimpanzés. Mais il faut utiliser avec eux un langage fait de signes de la main ou un langage visuel dans lequel les mots sont constitués par de petits morceaux de plexiglas coloré de différentes formes, par exemple. Le larynx des singes et les nerfs qui le commandent sont différents des nôtres avec la conséquence que les singes ne peuvent produire la même variété de sons que nous et s'en servir pour former un grand nombre de mots. Les résultats obtenus au cours de ces recherches sont intéressants. Mais le langage que les chimpanzés peuvent apprendre avec beaucoup de peines (de la part du singe et de l'instructeur) reste extrêmement rudimentaire et sans commune mesure avec le langage humain. Le temps de la modestie pour la seule espèce parlante n'est donc pas encore venu.

Si les dispositions de l'enfant pour l'acquisition du langage sont de toute première importance bien qu'encore très mal comprises, le langage adressé à l'enfant par les membres de sa famille et surtout la mère, le père, les frères et sœurs, et les grands-parents ou autres familiers vivant sous le même toit le cas échéant, est également de première importance. Les deux composantes sont indispensables : certaines dispositions pour le langage propres à l'espèce humaine, d'une part, et un milieu linguistique approprié dans lequel l'enfant naît et se développe, d'autre part. Mais aucune des deux composantes n'est suffisante à elle seule pour assurer le développement normal du langage. L'équipement organique et nerveux sans le milieu linguistique est inopérant. C'est le cas des «enfants sauvages» découverts surtout aux siècles précédents, dans les forêts à l'adolescence et ayant survécu à des années de vie sauvage. Ces enfants n'avaient pas de langage au moment où on les découvrit. Un cas récent du même ordre s'est présenté il y a cinq ans en Californie. Génie, l'enfant d'un couple de parents déséquilibrés a été découverte après 13 ans de vie cloîtrée dans une sorte de placard où elle était nourrie de temps à autre mais ne recevait pour ainsi dire aucun langage. Au moment de sa découverte, Génie ne connaissait que quelques mots. Elle fut ensuite prise en charge par une équipe de psycholinguistes de l'Hôpital des Enfants de Los Angeles et son langage s'est développé sans atteindre, cependant, et de loin, le niveau normal d'une adolescente de 18 ans.

Inversement, le milieu linguistique sans les dispositions organiques et nerveuses ne peut suffire à déterminer le développement du langage. Les enfants retardés mentaux extrêmement profonds, ceux dont on ne peut évaluer le niveau intellectuel tant il est bas, et dont le système nerveux est très gravement atteint, ne développent, malgré les efforts que l'on peut déployer, qu'un langage très rudimentaire et ne comportant que quelques mots prononcés un à la fois, entrecoupés de bruits et de grognements. La composante équipement organique et nerveux et la composante milieu linguistique sont donc toutes deux indispensables au développement du langage. En fait, c'est l'action de ces deux composantes l'une sur l'autre qui assure le développement linguistique.

*La façon dont on parle à l'enfant est donc très importante pour le développement du langage.* Selon qu'elle est adéquate ou non, elle peut déterminer un développement linguistique accéléré, ralenti, ou retardé chez l'enfant. Précisons toutefois, comme nous le verrons au chapitre suivant, qu'un environnement linguistique défavorable n'est pas la seule ni la plus importante cause de retard de langage. Il faut compter également avec les dispositions de l'enfant qui peuvent être soit supérieures, soit moyennes, inférieures, ou anormalement faibles.

### Comment parler à l'enfant?

*Comment faut-il parler à votre enfant de façon à tenter de rendre un développement linguistique aussi favorable que possible étant donné ses dispositions personnelles?* Un certain nombre de recherches et d'observations permettent de penser que les procédés suivants ont les meilleurs effets sur le développement du langage.

## 1. *Parler lentement, clairement et posément*

Il faut parler plus *lentement* à votre enfant, surtout s'il est plus jeune, qu'à un enfant plus âgé ou à un adulte. Il faut lui parler *clairement* en *articulant bien*. Evitez de parler à l'enfant s'il y a une source de bruit importante à proximité. Réduisez les bruits concurrents lorsque vous conversez avec votre enfant. Il est habituel dans certaines familles d'avoir plusieurs enfants rassemblés dans la même pièce jouant bruyamment avec la télévision en marche couvrant le tout. Aucun message adulte ne peut être proprement analysé dans un tel environnement. Pour être compris et analysé, le langage entendu par l'enfant doit d'abord être reçu et retenu dans la mémoire à court terme. Un fond sonore bruyant gêne considérablement cette opération, ce qui affecte la compréhension. Des situations comme celles décrites ci-dessus, trop fréquentes dans les classes sociales défavorisées, équivalent à un appauvrissement du milieu linguistique de l'enfant lequel a des conséquences défavorables pour le développement du langage. On peut se faire une idée de la difficulté supplémentaire et de la fatigue causée par un fond sonore trop important dans la compréhension des messages lorsqu'on ne maîtrise pas parfaitement une langue étrangère et qu'on doit converser avec un sujet natif dans un environnement bruyant, par exemple, une salle de café ou de restaurant ou un bureau dans lequel ou à proximité duquel crépite une machine à écrire. Comparable est trop souvent la situation du jeune enfant qui apprend le langage au sein d'une famille nombreuse en milieu défavorisé.

Il faut marquer des pauses en parlant au jeune enfant et « bien les marquer ». Qu'entendons-nous par là ? Dans le langage échangé par les adultes une bonne partie des pauses (environ la moitié), c'est-à-dire des petits arrêts dans le débit de la parole, tombe à peu près n'importe où dans la phrase ou entre les différentes phrases. Cela n'empêche nullement les adultes de se comprendre mutuellement. On peut entendre, par exemple, des choses comme « Vous savez... EEE... Les X sont... Non les enfants sont restés ici... Chez les grands-parents... Les X sont au Japon... Ou est-ce en Thaïlande ? » Le jeune enfant ne dispose pas évidemment des connaissances qui sont les nôtres sur les phrases, leurs limites, et leurs structures. Aussi est-il souhaitable de lui parler en s'efforçant d'éviter les faux départs, les retours en arrière et les changements abrupts de sujet au milieu de la phrase. Il faut marquer une pause brève mais régulière à la fin de chaque phrase. De brèves pauses peuvent également être utilisées habituellement, non seulement de façon à aider l'enfant à repérer le début et la fin des phrases dans le flot continu du discours, mais également de façon à l'aider à segmenter les phrases en leurs *principaux constituants,* c'est-à-dire le groupe du sujet et le groupe du verbe (par exemple, en marquant une pause de la façon suivante : *« Le petit Manuel... est venu »*), ou le groupe du sujet, le groupe du verbe principal, et le groupe du complément (par exemple, *« Le petit Manuel... est venu... ce matin »*).

## 2. Utiliser un vocabulaire approprié au niveau de développement de l'enfant

Il convient d'utiliser un vocabulaire approprié en s'adressant à l'enfant. Les nouveaux mots seront introduits progressivement, un à la fois et toujours accompagnés d'une explication ou d'un exemple que l'enfant peut comprendre. A partir de 5 ans environ, l'enfant est suffisamment avancé dans son développement pour requérir de l'adulte une explication pour les termes nouveaux entendus autour de lui *(« Un tricycle, c'est quoi ça, papa ? »)*. Dès cet âge, l'enfant participe donc activement à l'accroissement de son propre vocabulaire. Il faut se garder soigneusement de décourager de telles questions et prendre la peine d'y répondre avec précision et aussi informativement que possible (par exemple, *« Un tricycle, c'est un vélo à trois roues; comme ton vélo, tu vois, mais avec trois roues »*). Evitez autant que possible les réponses creuses du genre *« Un tricycle c'est pour rouler dessus »* ou les réponses omissives du type *« Un tricycle, c'est comme un vélo »*, elles ne peuvent être d'une grande utilité dans la construction d'un répertoire de mots de vocabulaire.

Il existe dans les grandes langues de culture plusieurs mots pour désigner un même objet ou un même événement. En présence d'une pièce de 5 francs, on peut parler d'*« argent »*, de *« monnaie »*, d'une *« pièce de 5 francs »*, ou d'une *« pièce »* tout court, de *« sous »*, ou encore de *« fric »*, d'*« oseille »* ou de *« pèse »*. De même, en présence d'une voiture automobile d'une marque et d'une couleur données, on peut parler de *« voiture »*, d'*« automobile »*, d'une *« deux chevaux »*, d'une *« conduite intérieure blanche »*, ou encore d'un *« taxi »*, d'un *« char »*, ou d'un *« tacot »*. Il est à chaque âge ou presque, une dénomination plus appropriée que les autres au niveau de connaissance de l'enfant et à l'usage qu'il fait des mots. C'est cette dénomination qu'il faut utiliser avec l'enfant pour la changer ensuite au stade de développement suivant. Par exemple, en ce qui concerne les billets de banque et les pièces de monnaie, on peut utiliser d'abord le terme *« argent »* (*« sous »* à la rigueur ») et faire clairement ressortir à l'enfant que tout ce qui est *« argent »* ne doit pas être mis en bouche ou évacué dans le dispositif de poubelle. Certes, l'emploi du terme *« argent »* pour désigner tous les billets de banque et les pièces de monnaie ne prépare pas le jeune enfant à distinguer entre les différentes unités monétaires. Mais ces distinctions et l'apprentissage des termes qui s'y rapportent se fera normalement à un âge plus avancé, au moment, par exemple, de commencer à fréquenter le magasin.

## 3. Parler à l'enfant de choses qui l'intéressent et qui sont susceptibles de retenir son attention

Il est à peine nécessaire de rappeler aux parents que le nombre de sujets de conversation susceptibles de capturer et de retenir l'intérêt du jeune enfant est très limité. Le jeune enfant qui ne partage pas encore les conventions de politesse en vigueur dans nos sociétés n'éprouve aucun scrupule à abandonner la conversation dès qu'elle a cessé de l'intéresser. L'adulte dispose ainsi d'un moyen très sûr pour identifier les sujets de conversation qu'on peut exploiter avec l'enfant. C'est évidemment des intérêts de l'enfant qu'il faut partir et c'est sur eux qu'il faut se centrer exclusivement dans un premier temps. On pourra ensuite et graduellement élargir les champs d'intérêt en y intégrant des éléments plus avancés. Par exemple, le jeune garçon manipulant une voiture-jouet s'intéresse uniquement, au départ, aux bruits de moteur qu'il peut faire faire à la voiture et aux déplacements rapides qu'il peut lui communiquer. On peut facilement entrer dans son jeu en produisant les mêmes bruits de bouche et éventuellement en manipulant une autre voiture-jouet de la même façon que l'enfant et à proximité de lui. Le seul sujet de conversation possible à ce stade tourne autour des bruits et des mouvements des voitures. On essaiera progressivement d'enrichir la discussion en posant de brèves questions, par exemple, sur la vitesse de la voiture manipulée ou sur les vitesses respectives des différentes voitures en présence, sur la couleur, la forme, le modèle des voitures, leur possesseur, la personne qui l'a donnée, les déplacements que la voiture peut accomplir, etc. A partir de là, on pourra, le cas échéant, passer des voitures miniatures aux vraies voitures en dirigeant la conversation sur la voiture du père ou de la mère, les voitures des membres de la famille et des amis de la famille, leurs couleurs, marques, modèles, performances, etc. L'enrichissement des conversations de l'enfant ainsi mené est profitable d'une double façon. D'une part, l'enfant apprend à utiliser un vocabulaire varié. D'autre part, il a l'occasion de se familiariser avec les procédés de base de la conversation.

*4. Adapter la complexité du langage utilisé aux possibilités et au niveau de développement de l'enfant*

Il y a essentiellement deux facteurs responsables de la complexité d'un énoncé: *la longueur* et *la structure*, c'est-à-dire la façon dont l'énoncé est organisé. Il conviendra, dès lors, si on veut faciliter la tâche de l'enfant dans l'apprentissage du langage, d'adapter la longueur et la structure des énoncés qui lui sont adressés, à ses possibilités du moment. Mais les possibilités de l'enfant changent avec le temps. En d'autres termes, avec le temps, les connaissances de l'enfant en matière de langage s'accroissent et il est progressivement capable de comprendre et de formuler des énoncés de plus en plus complexes. Il faudra donc tenir compte du niveau linguistique de l'enfant pour calibrer la complexité du langage qu'on lui adresse. **Un bon environnement linguistique pour le développement du langage est celui qui est simplifié assez pour être un peu plus complexe que le langage de l'enfant lui-même et qui est assez sensible pour augmenter en complexité selon les progrès manifestés par l'enfant.** De cette façon, l'enfant est confronté en permanence avec un langage un plus plus complexe que le sien propre. Il peut alors concentrer son attention sur les différences entre son langage et celui que les parents lui adressent, détecter ces différences, les comprendre, et les incorporer progressivement à son propre langage. Une telle démarche exige un minimum d'attention de la part des parents au langage de leur enfant mais elle est éminemment favorable au développement du langage. Qu'on nous comprenne bien! Nous ne suggérons nullement que toutes les verbalisations des parents qui ont un ou plusieurs enfants en âge d'acquisition du langage se ramènent à des propos simplifiés et raccourcis. On dispose maintenant de données qui indiquent que *c'est le langage adressé à l'enfant par les adultes et les enfants plus âgés qui compte pour le développement du langage.* Le langage échangé entre adultes, qui est notoirement plus complexe, a beaucoup moins d'importance. Certaines données suggèrent même que le jeune enfant a la capacité de se couper mentalement des conversations entre adultes lorsque le niveau de complexité et les contenus le dépassent largement. Les parents peuvent donc converser à leur guise entre eux et avec les autres adultes et les enfants plus âgés. Il convient seulement d'être attentif à ce que le jeune enfant dit et à la façon dont on lui parle.

Il semble bien que les adultes aient une tendance assez naturelle à simplifier leur langage en s'adressant aux enfants. Nous ne parlons pas ici du *langage-bébé* parfois adressé aux nourrissons et qu'il faut éviter à tout prix avec les enfants en âge d'apprendre le langage. Nous parlons du raccourcissement des énoncés et des simplifications dans la structure des énoncés, de l'utilisation de phrases simples mais complètes, de l'emploi de mots de vocabulaire à la portée de l'enfant, de l'évitement des tournures difficiles comme les passives, les interrogatives négatives, et du ralentissement du débit observés dans le parler des parents à leurs jeunes enfants en voie d'acquisition du langage. Des simplifications du même genre peuvent être observées dans le parler adulte adressé à un étranger ou à une étrangère dont la connaissance de la langue est très imparfaite.

Ce sont ces simplifications dans le langage des adultes adressé aux enfants couplées avec les dispositions particulières de l'espèce humaine pour le langage qui rendent possible l'acquisition de ce dernier. Il est vraisemblable, cependant, que certains parents sont plus attentifs et plus sensibles que d'autres au langage de leur enfant et leur fournissent des modèles linguistiques plus adaptés tout au long du développement. En fait, de telles différences ont été observées dans la façon dont les parents parlent à leurs enfants selon la classe sociale. Le langage adressé à l'enfant par les parents des classes sociales moyennes et supérieures semble tenir davantage compte des capacités de l'enfant, à un moment donné, stimuler davantage l'enfant, et être plus adapté à une fonction d'enseignement du langage que le parler de beaucoup de parents de la classe sociale inférieure. Les spécialistes y voient une des raisons principales de l'avantage notoire des enfants issus des classes sociales moyennes et supérieures sur les enfants issus de la classe inférieure dans le développement linguistique (et dans le développement intellectuel et les performances scolaires).

On s'efforcera donc, si on veut faciliter la tâche de l'enfant et favoriser son développement linguistique, d'être attentif au parler de l'enfant et de s'adresser à lui dans un langage toujours sensiblement plus complexe — mais pas exagérément — que le sien propre. Les informations fournies dans ce livre sur les différents aspects de l'acquisition du langage et sur les séquences de développement seront d'une aide considérable pour les parents à cet effet.

Nous avons signalé à diverses reprises dans les chapitres précédents la valeur éducative des *corrections indirectes* du langage de l'enfant et nous avons vivement recommandé leur usage par les parents. Les corrections indirectes constituent en effet, selon l'opinion des spécialistes, un des moyens les plus efficaces de faciliter et de favoriser le développement du langage chez l'enfant. Il n'est pas inutile sans doute d'insister encore une fois sur l'espèce de calendrier qu'il convient de respecter dans les corrections indirectes si on veut leur assurer une efficacité maximale. Par exemple, il n'est guère utile au stade des mots-phrases de corriger indirectement l'enfant en incorporant ses mots-phrases dans des phrases relativement longues (par exemple, enfant: *«papa»*, mère: *«papa revient du bureau après une longue journée de travail»*). Il est indiqué à ce stade de fournir à l'enfant le mot manquant tel qu'on peut le deviner, pour transformer le mot-phrase en un énoncé à deux ou à trois mots et donc montrer la voie à suivre et la façon de procéder (par exemple, enfant: *«papa»*, mère: *«voilà papa»*, ou *«papa revient»*, ou encore *«papa rentre à la maison»*). Plus tard, au stade des énoncés à deux et à trois mots, c'est sur l'usage des mots grammaticaux que les corrections indirectes devront porter (par exemple, enfant: *«papa vient maison»*, mère: *«papa revient à la maison»*) plutôt que sur des aspects plus tardifs du développement linguistique, et ainsi de suite en suivant le calendrier de l'acquisition du langage.

5. *Adresser à l'enfant un langage intelligible, éviter un discours trop directif et trop riche en impératifs, et manifester attention, support, et appréciation*

Comme on vient d'y insister, seul compte pratiquement pour le développement du langage, le langage adressé à l'enfant par les adultes et les enfants plus âgés. Il convient, et nous y avons déjà insisté, que le langage adressé à l'enfant soit aussi intelligible que possible. Les mères dont le parler est peu soigné et pauvrement articulé ont des enfants dont le développement linguistique est plus lent et plus difficile.

Il faut également éviter de multiplier les énoncés impératifs dans le parler adressé à l'enfant. Il est des occasions certes, où les parents doivent intervenir et imposer une certaine discipline. L'utilisation d'énoncés formulés au mode impératif est indiquée dans ces cas. Mais il faut se garder d'abuser des tournures impératives parce qu'elles ne fournissent à l'enfant que très peu d'information sur la façon d'organiser les énoncés selon les règles de la langue. Les phrases impératives sont des phrases simplifiées quant à la structure (elles ne comportent pas de sujet) et souvent brèves (de façon à les rendre plus pressantes). Elles ne fournissent guère de matériel pour la construction et la diversification du système linguistique. On a montré qu'une trop grande proportion de phrases impératives dans le langage maternel est défavorable au développement du langage. Elle retarde, par exemple, l'acquisition des auxiliaires et du système des conjugaisons.

Une autre raison d'éviter l'abus des énoncés impératifs est qu'ils contribuent à créer un climat autoritaire et directif dans la relation entre l'adulte et l'enfant. On peut facilement transmettre une requête très précise en utilisant des moyens linguistiques indirects comme les propositions d'action ou de « non-action » conjointe (par exemple, « *Maintenant, on essaie de faire moins de bruit* » au lieu de « *Fais moins de bruit* ») ou les requêtes sous forme de questions (par exemple, « *Peux-tu fermer la porte ?* » au lieu de « *Ferme la porte* » ou « *Peux-tu faire moins de bruit ?* » au lieu de « *Fais moins de bruit* »). Il est important qu'un climat permissif prélude aussi souvent que possible aux relations (linguistiques) entre parents et enfants. On a récemment montré, en effet, que les mères dont les enfants présentent un développement linguistique rapide sont celles qui ne ménagent pas, en général, leur attention, leur support, et leur appréciation aux comportements verbaux (et non verbaux) de l'enfant, tout en lui fournissant, par ailleurs, un environnement linguistique stimulant et adapté à son niveau.

# Chapitre 9
# Quand y a-t-il retard et trouble de langage et que peut-on faire?

Nous avons envisagé le problème des retards d'articulation au chapitre trois et nous y avons indiqué ce qu'il convient de faire en pareil cas pour hâter le retour à la normale.

Un retard de développement qui se stabilise devient un *trouble*. Inversement un trouble se manifeste d'abord par un retard de développement.

Dans ce chapitre, nous envisageons ce qu'on appelle *les retards et les troubles de parole, les retards et les troubles de langage,* et en particulier la *dysphasie,* le *bégaiement,* et le *bredouillement.* On indique dans chacun de ces cas les grandes lignes de la démarche à suivre dans le traitement et la rééducation.

Un retard ou un trouble d'articulation, comme vous le savez, amis lecteurs, concerne la prononciation des sons caractéristiques de la langue isolés ou groupés en syllabes (par exemple, *«p»* et *«pra»*). En d'autre termes, il y a *retard d'articulation,* lorsque l'enfant ne peut articuler correctement les différents sons alors que la majorité des autres enfants en est capable. Si les difficultés d'articulation persistent et se stabilisent, on parle alors de *trouble d'articulation.* Certains troubles d'articulation ont des *causes organiques.* Cela signifie que la cause principale du problème articulatoire se trouve au niveau des organes qui sont utilisés pour produire les sons. C'est le cas pour les malformations du palais et des lèvres («bec-de-lièvre», par exemple), du voile du palais, etc. D'autres troubles d'articulation ont des *causes «centrales».* Cela signifie que le déficit responsable de la mauvaise prononciation est situé au niveau du cerveau (comme, par exemple, dans le cas du retard mental profond).

Un *retard ou un trouble de parole* concerne non plus la prononciation d'un son isolé ou d'un groupe de sons mais la prononciation des *mots* avec leurs différentes syllabes placées dans l'ordre correct. Un enfant de 5 ans qui prononce *« gamasin »* pour *« magasin »* et *« colomotive »* pour *« locomotive »* présente ce que les spécialistes appellent un retard de parole. Si le retard se stabilise au-delà de 7 ou 8 ans, on parle alors de trouble de parole.

Les *retards et les troubles de langage*, à proprement parler, affectent le vocabulaire (fort restreint dans ces cas), la construction des énoncés, et l'organisation du discours en général. On parle alors de dysphasie (« *dys* », est un préfixe emprunté au grec qui signifie « *malfonctionnement* » ou « *perturbation* », et « *phasie* » vient du grec également avec le sens de « *parler* » ou de « *langage* »). La dysphasie se prolonge souvent en *dyslexie* (difficulté de lecture) avec l'entrée à l'école primaire et l'apprentissage de la lecture et de l'écriture. Le *bégaiement* et le *bredouillement*, enfin, sont des troubles de l'expression et du rythme, avec le plus souvent dans le cas du bégaiement, des difficultés d'organisation des énoncés un peu comme dans la dysphasie.

Nous allons voir un peu plus en détail ces différents problèmes. Ce qui peut vous paraître difficile à comprendre à ce stade, amis lecteurs, s'éclairera sans doute dans la suite.

## Les retards et les troubles de parole

Les retards et les troubles de parole résultent, semble-t-il, d'une déficience dans la perception et la représentation mentale du mot qui entraîne un trouble d'expression. Le trouble de parole atteint la syllabe et le mot qui sont alors déformés. Précisons qu'il ne s'agit pas de surdité, même partielle. L'enfant entend parfaitement.

Les principales déformations de mots observées sont de deux types. On observe des *inversions* de sons et de syllabes. Par exemple, « *max* » pour « *masque* », « *atcher* » pour « *acheter* », « *tritse* » pour « *triste* », « *samicole* » pour « *camisole* », « *gamasin* » pour « *magasin* », « *colomotive* » pour « *locomotive* ». On observe également des *déplacements* de sons à l'intérieur du mot. Par exemple, « *carate* » pour « *cravate* », « *bourette* » pour « *brouette* », « *pecstacle* » pour « *spectacle* », « *étrélicité* » pour « *électricité* », etc. Ces déformations peuvent ne par intervenir chaque fois que l'enfant prononce les mots en question. Le trouble de parole est *irrégulier* et *inconstant*. Il est aussi peu *conscient*. En d'autres mots, l'enfant qui présente un trouble de parole ne se rend pas bien compte des déformations qu'il lui arrive souvent de faire subir aux mots ce qui complique considérablement le travail de correction.

*Quelles sont les causes invoquées par les spécialistes pour expliquer les troubles de parole ?* Le problème est mal connu. On parle d'une *« immaturité »* des voies nerveuses auditives et du cerveau auditif qui se traduit par des difficultés à percevoir et à reproduire *la durée, la succession, et le rythme* des sons et des syllabes qui constituent les mots. Mais les raisons exactes de cette immaturité du système nerveux demeurent obscures. On parle aussi d'*« instabilité psychique »* chez l'enfant par défaut d'une attention soutenue à la parole d'autrui. Des *difficultés affectives* sont parfois observées chez l'enfant atteint d'un trouble de parole, comme c'est le cas également pour les troubles de langage. Ces difficultés sont surtout observées lorsque, dans l'entourage de l'enfant, on s'adresse à lui en termes dévalorisants. On ne sait, cependant, dans le cas des difficultés affectives et émotionnelles, si elles sont la cause (partielle) ou la conséquence des troubles de parole et de langage. Il est possible, en effet, qu'une relation difficile avec l'entourage *amène* des difficultés dans l'expression verbale. L'enfant troublé sur le plan de la parole et du langage, le serait, au moins en partie, en raison d'un déséquilibre dans la relation affective à l'entourage. Il est possible aussi, cependant, que les difficultés émotionnelles et affectives soient la conséquence directe (et non la cause partielle) du trouble de parole ou de langage. Il est peu valorisant, en effet, dans nos sociétés, de ne pas s'exprimer avec une aisance comparable à celle des autres d'où les sentiments d'infériorité et les problèmes émotionnels.

*Que convient-il de faire si on suspecte un retard de parole ?* Il faut *consulter un spécialiste* (orthophoniste, psychologue du langage) et faire *procéder à l'examen de la parole*. Il est utile également de procéder à un *examen médical* nez-gorge-oreille, surtout) et *psychologique en général* (développement intellectuel, perception, motricité) de l'enfant. L'examen de parole doit juger de la qualité des perceptions auditives de l'enfant et de sa capacité de reproduire le modèle verbal perçu. Il consiste à faire répéter une liste de syllabes et de mots sans signification, puis de mots avec signification et quelques phrases. Les mots sans signification sont intéressants dans la perspective de l'examen parce qu'ils sont nouveaux pour l'enfant. La répétition qu'il en donne traduit la qualité de son analyse auditive et la précision de sa prononciation, soit les deux composantes qu'il faut examiner.

Une des listes de syllabes et de mots les plus utilisées pour l'examen de la parole est celle mise au point par *Suzanne Borel-Maisonny*. Nous l'avons reproduite au Tableau 9.

On constate que de la sous-liste I à la sous-liste VI, pour les mots sans signification, le nombre de syllabes à répéter augmente. A l'examen de la finesse de perception, s'ajoute donc dans les sous-listes IV, V et VI celui de la mémoire auditive verbale. On se dispensera, cependant, vu sa difficulté de proposer la sous-liste VI au jeune enfant. Le nombre et le type d'erreurs commises par l'enfant en répétant le matériel verbal proposé révèlent le trouble de parole. Beaucoup d'orthophonistes considèrent qu'au-delà de 10 erreurs à l'épreuve de répétition Borel-Maisonny, il y a de bonnes chances qu'on soit en présence d'un retard ou d'un trouble de parole.

## L'EXAMEN DE LA PAROLE

*1. Syllabes et mots sans signification*

Liste I :
1. esp .........................
2. stur .........................
3. erb .........................
4. olp .........................
5. spli .........................
6. spic .........................
7. blist .........................

Liste II :
1. ortis .........................
2. igzo .........................
3. adzi .........................
4. obju .........................
5. adjo .........................
6. crouo .........................
7. tsui .........................

Liste III :
1. mouko .........................
2. fanvé .........................
3. yéroi .........................
4. linou .........................
5. chanedu .........................
6. gontra .........................
7. zulseu .........................
8. bartin .........................
9. lurir .........................
10. panbi .........................

Liste IV :
1. riskapé .........................
2. nuronli .........................
3. sizado .........................
4. faviker .........................
5. jifazeu .........................
6. koguchi .........................
7. dimanko .........................
8. moluné .........................
9. bimindal .........................
10. todoukin .........................

Liste V :
1. mandurnalo .....................
2. otrudiré .........................
3. ibapedu .........................
4. esartaldi .........................
5. moenulivou .....................
6. sinzanchujon ...................
7. goutiduran .....................
8. akoutebo .........................

Liste VI :
1. vafitaruder .....................
2. sanzibidélu .....................
3. pudounurital ...................
4. munignameso ...................
5. pulblagoritel ...................
6. anslingelitil ...................
7. zoltiduseltor ...................
8. varduostivar ...................

*2. Mots avec signification*

pelle .............................     spectacle .........................
buis .............................     espiègle .........................
arbre ............................     prestidigitateur .................
brouette ........................     anticonstitutionnellement ......

*3. Phrases*

1. Il fait tout noir .........................
2. J'ai perdu ma bicyclette .........................
3. Maman a mis le parapluie dans le jardin .........................
4. Papa a acheté un journal au magasin .........................
5. J'aimerais bien m'asseoir dans l'herbe toute fraîche .........................

*Tableau 9. Liste de Borel-Maisonny : faire répéter et noter soigneusement les réponses de l'enfant.*

**Principes de rééducation**

Comment rééduque-t-on un retard ou un trouble de parole ?
Il faut, bien entendu, confier votre enfant à un orthophoniste (logopède) ou à un psychologue du langage. Ce spécialiste s'efforcera en recourant à une variété d'exercices appropriés, d'améliorer la parole. La rééducation procède le plus souvent indirectement. Au lieu de se centrer d'emblée sur le mot, on repart de plus loin, pour ainsi dire. On tente *d'accroître la sensibilité, l'intérêt et l'attention de l'enfant pour le monde sonore* en lui demandant, par exemple, de fermer les yeux et d'identifier des bruits familiers (ouvrir le robinet d'eau, froisser un papier, déplacer une chaise, etc.), d'indiquer la distance et la localisation de la source sonore. On familiarisera l'enfant avec le bruit caractéristique des instruments de musique (clochette, grelot, sifflet, castagnettes, flûte, musique à bouche). Un jeu amusant est le suivant. On familiarise l'enfant avec le son ou le bruit des différents instruments de musique. L'enfant se tient ensuite à proximité les yeux fermés. On joue d'un instrument. On le dépose sur la table et demande à l'enfant de l'identifier.

Lorsqu'un bruit, un son sont aidément identifiés, reconnus et localisés, on complique le tâche en produisant deux et puis trois bruits ou sons successifs avant de demander à l'enfant de les identifier dans *l'ordre correct* où ils sont produits. Et ainsi de suite. Ces exercices ont pour but de renforcer l'attention et la mémoire auditive de l'enfant pour les sons et les bruits et surtout pour les séquences de sons et de bruits.

Il convient ensuite de sensibiliser l'enfant aux *caractéristiques des sons*. Un son est caractérisé par une *intensité* (il est plus ou moins fort), une *durée* (il est plus ou moins long), une *hauteur* tonale (il est plus ou moins aigu, plus ou moins grave), un *timbre* (les sons produits lorsqu'on gratte une guitare sèche et une guitare électrique ont des timbres notoirement différents). Enfin, le son s'il dure quelque peu est caractérisé par un certain *rythme*. Ces caractéristiques des sons sont généralement mal perçues par les enfants qui présentent un retard ou un trouble de parole. On veillera au cours de la rééducation à développer la sensibilité de l'enfant en ce sens au moyen d'exercices variés. *L'intensité* : on fait prendre conscience à l'enfant des différences d'intensité en parlant à voix faible, à voix forte, en jouant d'un instrument de musique avec force et avec douceur, en frappant fortement ou légèrement sur le plat de la table, etc. L'enfant répète ensuite ces mouvements en marquant clairement la différence entre fort et faible. On sensibilise de même aux différences de *durée*, en utilisant, certes, des bruits et des sons susceptibles d'être prolongés. La *hauteur* : il s'agit de faire prendre conscience du fait que certains sons sont aigus (hauts) tandis que d'autres sont graves (bas). Les instruments de musique (flûte, xylophone, diapason, piano) conviennent bien pour ce genre d'exercice. Pour sensibiliser aux différences de *timbre*, on comparera les « mêmes » sons produits au moyen des différents instruments de musique (piano et xylophone par exemple, le premier produisant des sons dont le timbre est généralement plus « métallique » que le second, à hauteur tonale et à intensité égales). *Le rythme est très important.* La capacité de percevoir et de reproduire un rythme donné est presque toujours faible, voire très faible chez l'enfant qui présente un trouble de parole. Il est nécessaire d'aborder les exercices de rythme à un niveau accessible à l'enfant. Il y a maintes façons d'exercer le sens du rythme. On fera *marcher* l'enfant, et au début on le prendra par la main et on marchera avec lui, selon un rythme donné. Le rythme sera scandé verbalement (« *hop, hop, hop,.. un, deux, trois, quatre, un, deux,...* »), joué (musique entraînante), ou battu avec les mains ou encore en se servant d'un métronome. On varie les rythmes. On passe ensuite au rythme perçu auditivement et reproduit. Le rééducateur frappe un rythme (par exemple, boum-boum-boum) et l'enfant reproduit le rythme frappé. On propose graduellement à l'enfant de reproduire des séquences plus complexes. On peut ensuite entraîner l'enfant à « *lire* » et à *reproduire* différentes « *formules rythmiques* ». Par exemple | ● — — ● ● | ou | ● ● — ● |, c'est-à-dire, respectivement frapper, pauser, pauser, frapper, frapper, et frapper, frapper, pauser, frapper. On peut également combiner intensité et rythme en proposant à l'enfant de lire et ensuite de reproduire des formules du type | ● ● ● ● | ou | ● ● — ● ● |, c'est-à-dire, respectivement faible, fort, fort, faible, et faible, fort, pause, faible, fort. On peut varier à l'infini de tels exercices. Ils sont extrêmement profitables pour l'enfant qui présente un retard ou un trouble de parole.

Au cours de l'étape suivante dans la rééducation, on se centre sur *les sons et les bruits de la parole*. Ce qui précède avait pour but de mettre en place et de renforcer la capacité perceptive auditive et la mémoire auditive. Il convient à présent de mobiliser les nouveaux acquis au service de la parole. On sensibilisera systématiquement l'enfant aux principales propriétés des sons et des bruits du langage : les voyelles qui « chantent et *font vibrer le petit moteur dans la gorge* » (placer la main sur le larynx et faire durer la voyelle) et les consonnes qui « font des bruits ». Certaines consonnes font également vibrer le petit moteur dans la gorge (comme « *v* », « *j* », « *m* », « *n* »). Certaines consonnes font un bruit d'*explosion*. L'explosion a lieu soit au niveau des lèvres, (« *p* », « *b* »), soit au niveau des dents (« *t* », « *d* »), soit encore au fond de la bouche (« *k* », « *g* »). On peut sentir le « vent de l'explosion » en plaçant la main à plat devant la bouche. On passe ensuite aux *syllabes*. D'abord, les syllabes simples, celles composées d'une consonne et d'une voyelle (par exemple, « *ba* », « *bo* », « *cha* », « *ob* », « *ab* », « *ach* », etc.), ensuite les syllabes plus complexes, celles composées d'une voyelle + consonne + voyelle (par exemple, « *abo* », « *obi* », « *aji* », « *icha* », etc.).

Enfin, on passe aux *mots* et aux *phrases, en procédant toujours du plus simple au plus complexe.* On entraînera l'enfant à répéter correctement (lentement d'abord) des mots avec et sans signification, composés de deux et puis de trois, quatre, et ensuite cinq syllabes et davantage. On fera répéter de courtes phrases (comportant deux ou trois mots) d'abord avant d'allonger progressivement le matériel à répéter. Dès que l'enfant peut répéter plusieurs phrases, on les combinera en une petite histoire qu'on demandera ensuite à l'enfant de raconter. On allongera graduellement la longueur des phrases et des histoires. On pourra également accroître le délai entre la phrase ou l'histoire et la répétition de façon à assurer une souple transition vers le langage spontané.

## Les retards et les troubles de langage ou dysphasies

Par *retard de langage*, il faut entendre une *insuffisance linguistique* présente pendant la période « rapide » de développement du langage, c'est-à-dire entre deux et six ans. L'enfant qui présente un retard de langage dispose, certes, d'un langage et peut communiquer verbalement avec son entourage mais sa *compréhension* et son *expression* sont *nettement inférieures* à celles des enfants du même âge qui se développent normalement d'un point de vue linguistique. Les enfants sourds, arriérés mentaux, et les enfants autistes (c'est-à-dire les enfants atteints d'un trouble grave du développement de la personnalité) présentent également des retards et des troubles de langage (de même qu'ils présentent des retards d'articulation et de la parole). Ce n'est pas de ces enfants qu'il est question ici. Nous nous intéressons aux retards et aux troubles de langage qui reviennent, de temps à autre, chez des enfants dont le développement sensoriel, le développement intellectuel, et le développement de la personnalité sont parfaitement normaux.

Le retard de langage peut se doubler d'un retard d'articulation et d'un retard de parole, mais il n'en va pas nécessairement ainsi. Certains enfants présentent un retard de langage sans qu'il y ait retard d'articulation et/ou retard de parole.

Quelles sont les caractéristiques du retard de langage ?

En gros, les *premiers mots sont souvent apparus tardivement,* vers 24 mois ou plus. *L'assemblage de deux mots* ne commence *pas avant 3 ans. Le vocabulaire actif est très réduit à 4 ans.* On note une *préférence marquée pour la communication par la mimique ou le geste.* Le stade du *langage télégraphique* (absence ou rareté des mots grammaticaux dans les énoncés produits) se prolonge bien au-delà de la période normale. *La compréhension semble meilleure que l'expression, mais en fait elle ne l'est guère.* L'enfant comprend certains mots et s'aide de la situation pour saisir l'énoncé qu'on lui transmet mais il n'a qu'une compréhension fort approximative des phrases dans leur ensemble et surtout des verbes et des mots grammaticaux. *La pauvreté du vocabulaire est évidente. En fait, la pauvreté du vocabulaire et l'expression télégraphique sont les deux manifestations les plus claires du retard de langage et, plus tard si le retard ne se résorbe pas, du trouble de langage.* Ainsi, un enfant de 5 ans dont l'expression reste télégraphique et le vocabulaire compris et produit très limité doit être référé pour examen et intervention. Une intervention au bon moment (entre 4 et 7 ans) est très indiquée. Elle a beaucoup plus de chance de succès qu'une intervention plus tardive. Revenons-en aux principales caractéristiques des retards de langage. Le vocabulaire est particulièrement pauvre en ce qui concerne les couleurs, les formes, les notions d'espace et de temps. La *mémoire auditive* est souvent faible : l'enfant ne répète trois et quatre syllabes qu'avec difficulté et parfois pas du tout. On note parfois des *troubles de la motricité* (par exemple, dans les mouvements nécessitant une fine coordination, comme découper, piqueter, dessiner, peindre, courir à « cloche-pied », etc.). La *latéralisation* est souvent, — mais pas toujours — hétérogène. L'enfant peut préférer la main droite pour écrire et dessiner, mais l'œil gauche et le pied gauche pour observer à travers la serrure de la porte et pour frapper dans un ballon, ou inversement. Le schéma corporel est souvent insuffisamment développé, c'est-à-dire que l'enfant n'a pas une connaissance de son propre corps. Enfin, on rapporte souvent des *difficultés affectives* chez les enfants qui présentent un retard de langage.

### Quelles sont les causes des retards de langage?

Elles ne sont pas connues en toute exactitude. Il est vraisemblable que *divers facteurs* doivent jouer pour déterminer un retard ou un trouble de langage. Les spécialistes mentionnent la possibilité d'un *retard ou d'un trouble de la maturation du système nerveux*. Si le retard de langage se stabilise, il est vraisemblable qu'il corresponde à un *« léger dysfonctionnement cérébral »*. Celui-ci peut être d'origine *héréditaire*, lorsque des frères ou des sœurs de l'enfant, l'un ou l'autre parent, oncle, tante, grand-parent, présentent ou ont présenté des difficultés de langage. L'origine du léger dysfonctionnement cérébral peut encore être *prénatale* (sous l'effet des maladies et des troubles divers qui peuvent avoir atteint la mère au cours de la grossesse) ou *natale* (accouchement difficile, forceps, état de quasi-asphyxie du bébé à la naissance, etc.). On invoque traditionnellement d'autres causes comme le *bilinguisme* et le cas des *jumeaux*, sans qu'il soit clairement démontré, cependant, que ces situations amènent nécessairement un retard de langage.

Un bon nombre de retards de langage se résorbent vers 5 et 6 ans, soit d'eux-mêmes, l'enfant en retard de maturation mûrit enfin et le langage jusque là retardé se normalise en l'espace d'un an ou deux; soit en réponse aux pressions de l'entourage et de l'école. Cependant, *certains retards de langage subsistent et se stabilisent* rendant la rééducation de plus en plus malaisée à mesure que le temps passe. Ce qui était simple retard de développement jusque là devient une forme perturbée de l'organisation du langage, c'est-à-dire un *trouble de langage* beaucoup plus difficile à défaire. On parle alors de *dysphasie* pour désigner ces difficultés dans le développement linguistique chez des enfants par ailleurs normalement intelligents et *équilibrés*. On retrouve chez les enfants dysphasiques tous les problèmes indiqués dans les retards de langage, aggravés en quelque sorte. La *scolarité* des enfants dysphasiques est toujours *pénible* en raison de leurs difficultés à s'exprimer et à comprendre et aussi parce que la dysphasie se complique presque inévitablement d'une *dyslexie* et d'une *dysorthographie* lorsque vient le temps d'apprendre à lire et à écrire. Il est donc de la plus haute importance d'intervenir énergiquement si l'enfant présente un retard persistant dans le développement du langage.

**Que peut-on faire dans ces cas?**

Comme dans le cas des retards et des troubles de parole, il faut faire examiner l'enfant par une équipe de spécialistes : médecin généraliste, médecin oto-rhino-laryngologue, psychologue (examen psychologique général), psychologue du langage ou orthophoniste (logopède).

L'examen du langage revêt, bien sûr, une importance toute particulière. Le spécialiste consulté s'informera des *antécédents personnels et familiaux de l'enfant*. Il explorera ensuite divers aspects des *connaissances* et du *fonctionnement psychologique* qui sont souvent déficitaires chez les enfants présentant un retard ou un trouble de langage. Il s'agit du *schéma corporel*, c'est-à-dire la connaissance du corps propre, de la *latéralité* (préférence pour l'utilisation de l'œil, la main, et le pied gauche ou droit), du niveau *perceptif* visuel et auditif principalement, et de la *mémoire*. On examine également la *prononciation* et la *parole* puisque dans un certain nombre de cas des retards et des troubles d'articulation et de parole peuvent être associés au problème de langage. On aborde enfin le *langage oral* au moyen de tests et d'épreuves diverses mettant en jeu le langage. On évalue le vocabulaire de l'enfant, la façon dont il forme ses phrases, l'utilisation des mots grammaticaux, l'emploi des verbes, les conjugaisons, l'emploi des différents types de phrases, la façon dont l'enfant peut raconter une histoire, et notamment comment il enchaîne les épisodes et les événements racontés. La compréhension des termes relatifs à l'espace et au temps (prépositions et adverbes) fait l'objet d'un examen particulièrement attentif.

L'examen de langage permet de préciser le déficit linguistique de même que les problèmes qui peuvent exister, et qui existent généralement dans ces cas, au niveau du schéma corporel et des activités qui mettent en jeu la perception visuelle et auditive et la mémoire. On peut penser avec divers spécialistes que l'organisation du schéma corporel (qui permet à l'enfant de se situer par rapport à lui-même et par rapport aux autres) et la structuration de l'espace et du temps (se situer dans l'environnement réel ou imaginaire et se situer dans le flot continuel du temps) sont en quelque sorte des *« pré-requis »* (c'est-à-dire des connaissances et des capacités qui doivent être obligatoirement présentes) pour que le développement linguistique puisse se faire normalement. Il se trouve, en effet, que ces connaissances et ces capacités font grandement défaut chez la plupart des enfants qui présentent un retard ou un trouble de langage. Ces pré-requis devront être mis en place au cours de la rééducation avant même de pouvoir s'attaquer avec quelques chances de succès aux déficiences proprement langagières.

## Principes de rééducation

*Comment rééduque-t-on un retard ou un trouble de langage?*
Il convient de *rééduquer d'abord les pré-requis*. Le rééducateur tentera au cours de séances plutôt brèves et répétées d'améliorer et d'organiser les connaissances de l'enfant sur le *schéma corporel*. Une multitude d'exercices sont disponibles à cet effet. Par exemple, on fera *reproduire des attitudes* (L'enfant a les yeux bandés. On lui fait prendre une attitude, par exemple les bras levés à 45° du corps. On lui fait relâcher et ensuite reprendre de lui-même et sans guidance la première attitude). On fera ensuite imiter des attitudes (l'enfant reproduit les attitudes prises par le rééducateur : lever un bras, lever les deux bras, tourner la tête, etc.) côte à côte avec le rééducateur et puis face à face, c'est-à-dire en miroir, ce qui est plus difficile. On procédera de même avec un bonhomme articulé auquel l'enfant communiquera une attitude à partir du modèle proposé par le rééducateur et puis sur commande verbale. On passera ensuite à *l'assemblage d'un bonhomme* en carton ou en matière plastique. L'assemblage se fera sur la table c'est-à-dire dans un plan horizontal. On passe ensuite à la *copie d'attitude sur dessin*. Le modèle figure en dessous d'un papier transparent sur lequel l'enfant effectue son tracé. On fera également *tracer un contour des parties du corps* qui sont aisément accessibles (pieds et main) de même que le contour du corps tout entier en faisant étendre l'enfant sur un grand papier d'emballage, par exemple. L'étape suivante consiste à faire *copier des dessins de bonhommes et d'animaux* avant de passer au *dessin spontané*. On profitera évidemment de toutes ces situations pour introduire, utiliser et faire utiliser par l'enfant les termes de vocabulaire qui désignent les *diverses parties du corps*, *la gauche* et *la droite*, le *haut* et le *bas*, l'*avant* et l'*arrière*. On utilisera également les verbes qui désignent les différentes attitudes corporelles et les mouvements (*être debout, couché, assis, lever, abaisser le bras, plier les jambes, tourner la tête, joindre les jambes, écarter les pieds*, etc.). Au terme de ces séances d'exercices, l'enfant devrait être capable de prendre différentes attitudes et d'effectuer divers mouvements sur commande verbale, d'assembler correctement un puzzle fait de cartons représentant les différentes parties du corps, de dessiner un bonhomme avec suffisamment de détails, et de comprendre et d'utiliser à bon escient les principaux termes qui désignent les parties du corps ainsi que les attitudes communes et les mouvements les plus habituels.

Le rééducateur s'efforcera également d'entraîner à la *relaxation* et *d'amener l'enfant à mieux contrôler sa respiration particulièrement en parlant*. C'est un fait que nombre d'enfants présentant des troubles de parole et de langage sont de petits « mal-respirants » et sont anormalement tendus lorsqu'ils ont à s'exprimer. On entraînera à la relaxation par des exercices psychomoteurs appropriés (par exemple, serrer les poings et les relâcher, tendre le bras ou la jambe et ensuite relâcher, contracter les muscles de l'os maxillaire inférieur et ensuite relâcher, etc.). L'entraînement respiratoire procède souvent de la façon suivante : faire souffler l'enfant de façon à déplacer des boules d'ouate ou de papier placées sur la table, respirer lentement et profondément, ensuite souffler. Faire travailler les muscles de l'abdomen. Celui-ci doit se creuser à l'expiration (c'est-à-dire bien se contracter de façon à expulser l'air des poumons et assurer ainsi la nécessaire soufflerie pour la formation et l'enchaînement des sons) et se gonfler à l'inspiration. On demandera ensuite à l'enfant de produire certains sons en les faisant durer (par exemple, les voyelles et les consonnes constrictives). Tous ces exercices visent à renforcer les muscles respiratoires et à améliorer les coordinations qui assurent un bon réglage de la respiration et de la parole.

Il faut développer également *les perceptions et la mémoire visuelle et auditive*. Comment ? L'entraînement portera sur les faiblesses telles qu'elles ont été constatées à l'examen. Ce sont le plus souvent la perception des formes et des dimensions pour ce qui est du domaine visuel et la perception du rythme, de la durée, de l'intensité, de la hauteur tonale, et du timbre pour ce qui est du domaine auditif. La rééducation, à ce dernier point de vue, procédera selon la ligne indiquée pour la rééducation des retards et des troubles de parole. Pour le domaine de la perception et de la mémoire visuelle, on procédera du plus simple au plus complexe en proposant à l'enfant des jeux d'alignement et de classement de matériaux divers (par exemple, des jetons colorés ou des motifs divers à disposer selon un ordre donné : faire reproduire l'ordre proposé avec le modèle sous les yeux, d'abord ; avec le modèle exposé et puis caché derrière un écran, ensuite). On fera également reproduire des figures géométriques, compléter des figures ou des dessins dans lesquels manque une partie ou un élément. Les jeux de Kim sont amusants à jouer et très utiles du point de vue qui nous concerne ici. Il s'agit de présenter à l'enfant un étalage d'objets (jetons, crayon, tasse, clés, ouvre-bouteille, etc.) et de les lui faire observer attentivement. Ensuite, on cache le tout en demandant à l'enfant d'énumérer les objets vus. Une variante du jeu de Kim, plus complexe mais très profitable, consiste à demander à l'enfant d'énumérer les objets vus mais encore de spécifier leurs emplacements respectifs les uns par rapport aux autres, ce qui nécessite l'emploi des adverbes et des prépositions spatiales. Quantité d'autres activités, de jeux et d'exercices sont utilisables de façon à entraîner l'analyse perceptive et la mémoire visuelle. *L'imagier du Père Castor* (publié chez *Flammarion*), bien connu des éducateurs et de nombreux parents, est utilisable à cet effet. On peut en tirer un certain nombre d'images qu'on dispose devant l'enfant en rangées de trois ou de quatre. On fait nommer les images. On demande de bien les observer. L'enfant est ensuite prié de fermer les yeux tandis qu'on retire une carte, qu'on modifie la disposition des cartes à l'intérieur d'une rangée, ou qu'on intervertit l'ordre des rangées. L'enfant doit indiquer verbalement les modifications qui ont été apportées à l'étalage des cartes.

### Comment procède-t-on à la rééducation du retard ou du trouble proprement linguistique?

On profitera des exercices de schéma corporel, de psychomotricité, et des exercices visant à améliorer les perceptions et la mémoire visuelle et auditive pour introduire, faire comprendre, et faire utiliser par l'enfant les mots et les expressions qui concernent les parties du corps, la situation dans l'espace, les positions des objets les uns par rapport aux autres, la durée, et les successions. Ce faisant, on enrichira considérablement le vocabulaire de l'enfant. On lui donnera par la même occasion la possibilité de rendre son langage plus précis. On sait, en effet, que la pauvreté du vocabulaire et le caractère global et imprécis de l'expression sont deux parmi les caractéristiques les plus marquantes des troubles de langage.

Il faudra également travailler à organiser l'expression verbale en phrases. On procédera comme d'habitude du plus simple au plus complexe en travaillant d'abord séparément au niveau du groupe du sujet et du groupe du verbe. En se servant d'un matériel de jeu, de dessins, de livres d'histoires pour enfants, et de livres d'images, on fera construire des combinaisons impliquant le *sujet seul* (« *le cheval* », « *le beau cheval* », « *le cheval du fermier* », par exemple), le *verbe seul* (« *que fait le cheval?* » (il)... *mange* »), le *verbe et son complément* (« *il mange quoi?* » « (il)... *mange de l'herbe* »). On s'efforcera ensuite d'obtenir de courtes phrases complexes en réponse aux questions posées, au besoin, au début, en soufflant une partie de la réponse ou en faisant répéter toute la phrase à l'enfant (par exemple, « *Que fait le cheval?* » « *Le cheval mange de l'herbe* »). On pourra progressivement compliquer la phrase en y intégrant divers compléments comme les compléments du nom *(« Le cheval du fermier... »)* et les compléments circonstanciels *(« Le cheval du fermier mange de l'herbe dans la prairie près de la ferme »).* On entraînera ensuite l'enfant à utiliser les différents *mots grammaticaux* qu'il n'utilise pas spontanément (pronoms, prépositions, auxiliaires, etc.), à marquer *le temps* au niveau du verbe et en utilisant les adverbes qui sont disponibles dans la langue à cette fin, à poser des *questions* en utilisant les formes verbales appropriées, et à composer des *phrases complexes*. Un dispositif qui donne généralement de bons résultats lorsqu'on essaie de faire comprendre à l'enfant les rapports de temps, consiste à représenter le temps au moyen d'une ligne continue. La figure 2 représente *la ligne du temps*.

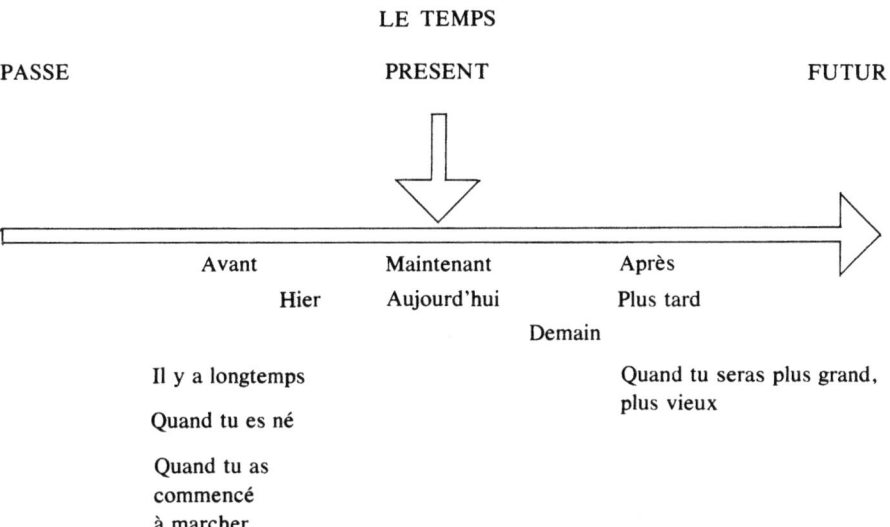

*Figure 2. La ligne du temps est utilisable de façon à visualiser le temps et à concrétiser les relations temporelles entre les événements.*

Pour les phrases complexes, on procède par juxtaposition de phrases simples (par exemple, «*Le cheval court. Le cheval saute*») que l'on coordonne ensuite en éliminant les répétitions (*«Le cheval court ET le cheval saute»*, «*Le cheval court et saute*»). Pour les subordonnées, on procède également par compositions successives. On entraîne l'enfant à produire les propositions «principale» et «subordonnée» séparément, puis on s'efforce de les lui faire combiner au sein de la même phrase (Par exemple, «*maman dit (quelque chose)*», «*tu dois venir manger*», «*maman dit que tu dois venir manger*»; «*je mange*», «*et après je regarde un peu la télévision*», «*après avoir mangé, je regarde un peu la télévision*»; «*je pars*», «*comme cela, je ne serai pas en retard à la maison*», «*je pars pour ne pas être en retard à la maison*»; «*j'ai rencontré un garçon*», «*ce garçon va à la même école que moi*», «*j'ai rencontré un garçon qui va à la même école que moi*», etc.).

Il convient de toujours garder en mémoire que *le but ultime de la rééducation n'est pas de pouvoir répéter mais bien d'amener la compréhension et l'expression spontanée de l'enfant à un niveau qui correspond à ce qu'on est en droit d'attendre de lui en fonction de son âge. L'accent doit être mis sur le développement de l'expression spontanée et de «l'immédiateté linguistique»* qui caractérise l'expression et l'échange linguistique normal. Dans cette perspective, le rééducateur utilisera largement, surtout à mesure que la rééducation progresse, les exercices de dénomination sur commande et d'*évocation*. Par exemple, on présente une série d'images à cadence rapide avec tâche pour l'enfant d'en fournir le nom. De même, on fera parler l'enfant à une cadence fixée par le rééducateur : dire un mot à chaque coup frappé sur la table ou à chaque battement du métronome, dire un mot à propos d'un thème donné (par exemple, « l'école », « la maison », « mon vélo », etc.), former une petite phrase sur un thème donné aussi vite que possible après le coup frappé sur la table, etc. Ces exercices et d'autres aisément imaginables visent à remédier au manque de spontanéité verbale caractéristique des enfants qui présentent un retard ou un trouble de langage.

*Le rôle des parents est très important.* A côté du support moral qu'ils se doivent de donner à leur enfant, il convient qu'ils suivent la rééducation de suffisamment près pour assurer une continuité entre la situation de rééducation chez le rééducateur, milieu artificiel s'il en est, et le milieu naturel (familial et extra-familial). Après tout, c'est pour améliorer le langage de l'enfant en *situation naturelle,* et non seulement dans le cabinet du rééducateur une ou deux heures par semaine, que l'on entreprend une rééducation. Le succès de la rééducation est largement dépendant de la part que les parents acceptent d'y prendre. *Une rééducation que les parents approuvent, supportent, comprennent, suivent de près, et prolongent à domicile est déjà une rééducation à demi réussie.*

## Le bégaiement et le bredouillement

*Le bégaiement est fondamentalement un trouble du rythme de la parole survenant chez des enfants sans anomalie des organes de la voix, de l'articulation, et de l'audition.* Il est lié au contexte social. C'est donc essentiellement un trouble qui affecte la communication. Aucun bègue ne bégaie en privé. Par contre, le fait de se trouver en public et d'avoir à y parler suffit le plus souvent, à déterminer le bégaiement. Celui-ci est souvent plus marqué si la situation sociale est hostile ou menaçante ou si elle est évaluée comme telle par le bègue.

On distingue traditionnellement *deux formes de bégaiement :* le *bégaiement* dit *clonique* et le *bégaiement* dit *tonique.* Dans le bégaiement clonique, l'enfant répète un certain nombre de fois la première syllabe ou le premier son du mot (par exemple, «c...c...c...camion» ou «j...je v...v...veux une gla...glace au...aussi») avant de parvenir à articuler avec difficulté la fin du mot. Dans le bégaiement tonique, on observe des arrêts et des blocages soit au moment d'attaquer l'énoncé (qui est ensuite prononcé d'un trait), soit au cours de son émission (par exemple, *«j...j...euh...j...je veux une glace aussi»* ou *«j...j...je veux une glace au ch...ch...ch...chocolat»*). En fait, il est difficile de distinguer catégoriquement entre les deux formes de bégaiement. Chaque bègue exhibe, dans les difficultés qu'il éprouve, les deux formes de bégaiement dans une proportion variable. Il faut aussi signaler les diverses manifestations souvent associées aux difficultés du bègue, et qui témoignent en quelque sorte de ces dernières: les mouvements de la tête, des mains ou des bras qui accompagnent les tentatives verbales infructueuses. Dans les *cas graves*, il y a un « véritable faciès » du bègue avec froncement des sourcils, contraction des mâchoires, rougissement, transpiration, et blocage respiratoire.

Le bégaiement apparaît le plus souvent entre 4 et 7 ans, beaucoup plus rarement chez le grand enfant et à l'adolescence. La période entre 4 et 7 ans correspond à un âge important dans la vie de l'enfant: celui de son insertion dans des milieux autres que la famille et donc moins protecteurs et moins sécurisants, comme l'école, le milieu des pairs et celui des enfants plus âgés. On signale quelques cas de bégaiement nettement plus tardifs qui seraient de nature accidentelle. Ils feraient suite à un traumatisme affectif, comme la perte d'un être cher ou l'observation accidentelle d'une scène insupportable. On ignore, dans ces cas, si le choc émotionnel est la cause directe de l'apparition du bégaiement ou si le bégaiement se développe parce que le terrain était favorable.

Le bégaiement affecte un plus grand nombre de garçons que de filles, environ 3 à 4 garçons pour 1 fille. La raison de cette différence n'est pas connue. On ignore de même les causes exactes du bégaiement. On observe, semble-t-il, davantage de cas de bégaiement chez les enfants mal latéralisés (c'est-à-dire latéralisés de façon hétérogène) et chez les gauchers contrariés que chez les autres enfants. Il existe cependant des cas de bégaiement attestés chez des enfants droitiers homogènes. En fait, les deux points principaux en matière de bégaiement, et ceux sur lesquels une rééducation peut agir sont les suivants. *Premièrement, l'enfant qui bégaie est aussi, dans la plupart des cas, un enfant retardé et troublé sur le plan du développement du langage.* Si on y regarde attentivement, on s'aperçoit que nombre de caractéristiques du retard et du trouble de langage s'appliquent aussi au langage de l'enfant bègue. En conséquence, le bégaiement chez l'enfant n'est pas seulement un trouble du rythme de la parole, c'est aussi un trouble du développement du langage et il doit être rééduqué comme tel. *Secondement, le bégaiement implique l'existence d'un problème de personnalité* (antérieure à l'apparition du bégaiement? Nul ne le sait). Le bègue est quelqu'un dont la relation à autrui est perturbée et il convient de remédier à cette situation de façon à pouvoir rééduquer avec quelques chances de succès. Il faut signaler encore qu'on ne devient généralement pas bègue par hasard mais parce qu'on y est prédisposé. Chez environ 40 % des bègues, il existe dans la (grande) famille au moins un cas de bégaiement ou de retard et de trouble sérieux de langage. Il est donc vraisemblable que l'hérédité joue un rôle dans l'apparition du bégaiement au moins dans un certain nombre de cas.

## Comment rééduque-t-on le bégaiement?

En fonction de ce qui précède, il y a deux aspects importants dans la rééducation du bégaiement: une rééducation du langage et la thérapie ou au moins l'assistance sur le plan affectif et sur le plan de la relation à autrui. La rééducation du langage prendra, pour l'essentiel, la forme de la rééducation appliquée aux retards et aux troubles de langage dont nous avons donné les principes plus haut. La thérapie affective et les problèmes de personnalité sont du domaine du psychologue clinicien et du psychiatre d'enfant. Le bègue est le plus souvent aux prises avec une anxiété considérable dès qu'il est impliqué dans une situation de communication verbale orale. Il doit apprendre à maîtriser cette anxiété. Certains médicaments, atténuateurs de la tension nerveuse, peuvent être prescrits utilement au départ d'une rééducation de façon à libérer, au moins partiellement, l'enfant bègue de son anxiété et lui permettre de se concentrer sur l'expression verbale.

## Le bredouillement

Il faut distinguer bégaiement et bredouillement. Le bredouillement est également un *trouble du rythme de la parole* mais nettement distinct du bégaiement. La manifestation la plus facilement observable de ce trouble est le *« parler trop rapide »* (techniquement, *tachylalie,* du grec *« tachus »,* signifant *« rapide »* et *« lalie »,* *« parole »*). Le bredouilleur est quelqu'un qui parle très vite, trop vite, et qui raccourcit la durée des syllabes prononcées. Comme il ne peut soutenir la cadence, le sujet s'arrête, répète ce qu'il vient de dire, ou une partie, repart rapidement, s'arrête, etc. Le tout donne un discours irrégulier, entrecoupé, saccadé, avec des mots incomplets ou déformés, bref un discours malaisé à comprendre.

La distinction entre bégaiement et bredouillement est presque toujours claire. Le bredouillement ne présente aucun des blocages et aucune des répétitions de sons et de syllabes en séries incoercibles comme le bègue.

*La rééducation du bredouillement est aussi plus aisée* et généralement plus courte que celle du bégaiement. Il s'agit, d'abord, de *faire prendre conscience* au bredouilleur de sa tachylalie et des déformations que celle-ci entraîne dans sa parole. On s'efforcera ensuite *d'amener un ralentissement du débit de parole* qui permet alors *de travailler à une meilleure organisation du discours.* Les exercices de *rythme* mentionnés plus haut dans ce chapitre sont tout à fait indiqués de façon à amener l'enfant qui bredouille à un meilleur contrôle moteur et ensuite verbal.

# Pour en savoir davantage

Pour ceux qui intéressés par ce contact avec le domaine passionnant du développement du langage, souhaitent en savoir plus, nous faisons figurer ci-dessous une liste de quelques ouvrages qui leur permettront de poursuivre leur information en ce domaine.

1. *Le langage de votre enfant*, de Claude Langevin.
   Editions de l'Homme, Montréal, 1970.

   Claude Langevin donne en quelques pages agréables à lire l'essentiel sur le développement du langage chez le jeune enfant en se centrant surtout sur le développement de la *prononciation* et des mots de *vocabulaire*. Il tire de sa large expérience clinique de nombreux *conseils* et de nombreuses recommandations et suggestions à l'usage des parents.

2. *Langage et éducation*, de Jean Rondal.
   Editions Pierre Mardaga, Bruxelles et Paris, 1978.

   L'ouvrage de Jean Rondal comporte 4 divisions qui correspondent chacune à une série de questions sur des points importants du développement du langage en rapport avec le contexte de l'éducation. On y traite d'abord de *l'acquisition du langage* par l'enfant avant de considérer les différences dans le développement et l'utilisation du langage selon les *différents milieux socio-économiques*. La seconde partie de l'ouvrage discute des programmes *d'enseignement de la langue maternelle* dans les différents pays francophones et pose l'importance de l'étude des échanges verbaux en classe pour une meilleure compréhension du processus d'enseignement.

3. *L'acquisition du langage*, de Marc Richelle.
   Editions Pierre Mardaga, Bruxelles et Paris, 1971.

   En quelques chapitres denses et d'excellente facture, Marc Richelle résume les *problèmes théoriques et pratiques* qui se posent actuellement à ceux qui cherchent à documenter et à comprendre le développement du langage chez l'enfant. L'ouvrage permettra au lecteur de rattacher et de situer les *recherches contemporaines* en matière de développement du langage par rapport au contexte théorique qui motive ou qui a motivé une bonne partie de ces recherches.

4. *Apprendre à parler*, de Laurence Lentin. (En deux tomes: Tome I: *Apprendre à parler à l'enfant de moins de 6 ans, où, quand, comment?*; Tome 2: *Comment apprendre à parler à l'enfant? Aperçu d'une expérience en cours*).
Les Editions S.E.S.F., Paris, 1976, 1977.

Riche d'une longue expérience pédagogique, Laurence Lentin décrit divers aspects de l'acquisition du langage par le jeune enfant dans un style concret où les exemples abondent. Elle discute également *le rôle de l'école maternelle* dans l'apprentissage du langage, suggère *quantités d'exercices* et *de jeux de langage* utilisables par les parents et par les enseignants.

5. *Psychologie de l'enfant: une introduction*, de Jean Rondal et Michel Hurtig, avec une équipe internationale de collaborateurs scientifiques.
Editions Pierre Mardaga, Bruxelles et Paris, 1979.

Ce livre écrit collectivement sous la co-direction de Jean Rondal et de Michel Hurtig est le premier ouvrage en langue française à présenter une synthèse des connaissances actuelles en psychologie de l'enfant en un seul volume. Principalement destiné aux étudiants et au public informé, l'ouvrage permettra au lecteur de situer le développement du langage dans le contexte général du développement de l'enfant de la naissance à l'adolescence.

6. *La relation mère-enfant et l'acquisition du langage,* de Gertrude Wyatt, traduit de l'américain par J. Lucas-Debefve.
Editions Dessart & Mardaga, Bruxelles et Paris, 1969.

Gertrude Wyatt, rééducatrice du langage et professeur a accumulé au cours de sa carrière, une riche expérience des problèmes linguistiques, psychologiques et affectifs associés aux principaux troubles du développement du langage. Elle nous livre une partie de cette expérience dans un livre riche en exemples et en illustrations au moyen de *cas vécus*. Gertrude Wyatt insiste beaucoup sur *le rôle des parents et surtout de la mère* dans la prévention et la correction des troubles du langage chez l'enfant.

7. *Le développement du langage, guide pratique,* d'Eddy Roulin.
Editions Laliberté, Québec, 1977.

L'ouvrage d'Eddy Roulin est une bonne introduction en langue française aux principaux *troubles d'articulation, de parole et du langage* chez le jeune enfant. Eddy Roulin y résume brièvement les connaissances actuelles et propose pour chaque trouble de nombreux exercices de correction et de rééducation présentés en ordre de difficulté croissante. Ces exercices sont bien expliqués et peuvent être utilisés par les parents. Contrairement à ce que le titre pourrait suggérer, l'ouvrage ne traite que brièvement du développement (normal) du langage, l'essentiel portant sur les troubles et leur correction.

# Glossaire

**Articulation (prononciation):**
La réalisation des différents sons grâce à l'air provenant des poumons et au concours du larynx, du pharynx (arrière-bouche), de la langue, des lèvres, et des cavités de la bouche et du nez.

**Babillage:**
Le jeu vocal du jeune enfant au cours de la première année durant laquelle de nombreux sons et bruits sont produits et répétés avec des mélodies diverses *sans que l'enfant ne cherche à utiliser les sons de façon à transmettre une signification.*

**Bégaiement:**
Trouble du langage qui affecte le *rythme* de la production verbale (*bégaiement clonique* avec de nombreuses répétitions, par exemple, «ba...ba...bateau»; *bégaiement tonique,* avec blocage sur l'un ou l'autre son, par exemple «b...b...b...bateau») et, dans la plupart des cas, *l'organisation même du discours.* Les manifestations du bégaiement sont toujours plus marquées en public et lorsque le bègue se sent observé et évalué.

**Bredouillement:**
Trouble du langage, différent du bégaiement, caractérisé par la difficulté éprouvée par le sujet à *organiser* son discours de façon cohérente et intelligible pour l'interlocuteur. Le bredouilleur est le plus souvent quelqu'un qui parle très (trop) vite *(tachylalie)*.

**Communication:**
*Echange d'information* (c'est-à-dire mise en *commun* de certaines significations) entre deux ou plusieurs personnes présentes l'une à l'autre (les unes aux autres) ou distantes dans le temps ou dans l'espace. La communication peut se faire au moyen de gestes, de sons, ou de n'importe quel autre moyen.

### Compréhension :

Comprendre, c'est partir du message et en *extraire le sens* tel que prévu par l'auteur. Pour les messages linguistiques, la compréhension implique la connaissance des mots de vocabulaire et d'un certain nombre de règles relatives à la façon de construire les énoncés.

### Consonnes :

*Bruits formés par le passage de l'air* au travers du larynx, de la bouche, et éventuellement du nez (consonnes *nasales*, par exemple « m » et « n »). Les consonnes sont dites *sonores* si leur production implique la mise en vibration des cordes vocales (par exemple, « b », « d », « g »). Elles sont *sourdes* dans le cas inverse. Dans la formation de certaines consonnes, le courant d'air en provenance des poumons est bloqué en un endroit (par exemple, les lèvres) et ensuite relâché. Ce sont les consonnes *occlusives* (par exemple, *«b»*, *«p»*). Pour d'autres consonnes, dites *constrictives*, le passage de l'air n'est pas bloqué, mais plutôt rétréci en un endroit donné d'où le bruit de friction qui caractérise ces consonnes (par exemple, *«f»*, *«ch»*, *«s»*).

### Contrôle auditivo-vocal :

*L'oreille et le cerveau auditif* contrôlent en permanence les mécanismes de l'articulation. Ce contrôle est nécessaire à l'articulation correcte. On mesure la gravité de son insuffisance dans les énormes difficultés d'articulation des personnes sourdes profondes.

### Conversation :

Communication verbale entre deux ou plusieurs personnes où les participants prennent la parole *à tour de rôle et se répondent mutuellement.*

### Discours :

Au sens large, synonyme de *langage*. Au sens étroit, ensemble de phrases et d'énoncés produits dans un intervalle de temps donné.

### Dyslexie :

Trouble du langage écrit caractérisé par une grande *difficulté à lire les symboles écrits et leurs enchaînements,* sans atteinte de la vision et de l'audition et survenant chez des enfants d'intelligence normale.

### Dysphasie :

Trouble du langage oral caractérisé par un sérieux *retard* dans l'acquisition du langage, une grande *pauvreté du vocabulaire,* de grosses *difficultés grammaticales,* et un *manque de spontanéité* au niveau de l'expression verbale, survenant chez des enfants d'intelligence normale, sans handicap visuel ou auditif, et sans malformation des organes de l'articulation.

### Fluidité verbale :

Aisance et *facilité* dans l'expression verbale.

### Grammaire :

*Ensemble des règles* qui rendent compte de la formation des phrases et de l'organisation du discours dans une langue donnée. Plus généralement encore, on peut dire que la grammaire est l'ensemble des règles qui stipulent comment passer de l'idée à la séquence de mots qui constitue la phrase (par exemple, de l'idée « pluie-aujourd'hui » à la phrase « *Il pleut aujourd'hui* »).

**Imitation :**

Action de *répéter*, à court intervalle un son, un mot, un énoncé, une phrase, ou une partie de mot, d'énoncé, ou de phrase, prononcés par quelqu'un d'autre.

**Intonation :**

« *Mélodie* » selon laquelle un mot, un énoncé, ou une phrase est prononcé. L'intonation peut être montante, descendante, ou stable.

**Langage :**

C'est *l'activité nerveuse complexe* qui permet *d'exprimer* et de *comprendre* des idées au moyen de sons et de bruits, de signes écrits, ou de gestes.

**Langue :**

Ensemble des mots de *vocabulaire*, et des *règles* qui permettent d'organiser ces mots en énoncés et en phrases selon les significations qu'on veut exprimer dans une culture donnée.

**Latéralité (latéralisation) :**

*Préférence* pour l'utilisation de l'organe situé d'un côté du corps plutôt que l'autre (œil, main, pied). La préférence latérale se développe au cours des 7 ou 8 premières années. On parle de *latéralisation homogène* si la préférence va au même côté pour les trois organes et de *latéralisation hétérogène* dans le cas inverse.

**Mot** (signe linguistique) **:**

*Séquence de sons émis dans un ordre fixe* et qui renvoie à un objet, une personne, une relation, ou à un événement.

**Mots grammaticaux :**

Ce sont les mots de la langue dont la fonction première n'est pas de véhiculer une signification mais de *servir à l'organisation de l'énoncé ou de la phrase* (par exemple, la préposition « *de* » n'ajoute guère de sens au groupe « *La maison de Joseph* » mais elle clarifie la relation d'appartenance entre « *maison* » et « *Joseph* ».

**Mot-phrase :**

Production caractéristique de la période située approximativement entre 15 et 24 mois, avant le début des énoncés à deux mots, et qui, bien que *ne comportant qu'un seul mot, vise à exprimer une signification qui correspond à un groupe de mots* ou à une phrase en langage adulte (par exemple, « *papa* » désignant la serviette du père, pour « *c'est la serviette de papa* »).

**Phrase :**

*Séquence organisée comportant au moins deux mots dans une relation de sujet à verbe* (exception faite pour les *phrases impératives* qui peuvent ne comporter qu'un seul mot, le verbe au mode impératif). Un *énoncé* comporte un ou plusieurs mots qu'ils figurent ou non dans une relation de sujet à verbe. Il s'ensuit que toute phrase est nécessairement un énoncé mais que l'inverse n'est pas vrai.

**Production:**

Produire un message linguistique, c'est *partir d'une idée et la traduire en une séquence de mots* organisée selon les règles de la langue.

**Syntaxe:**

*Ensemble des règles* qui stipulent la façon dont les mots doivent être agencés pour former des énoncés et des phrases acceptables dans la langue.

**Vocabulaire** (lexique):

*Ensemble des mots de la langue.* Un dictionnaire est un répertoire des mots de la langue disposés par ordre alphabétique.

**Voyelles:**

*Sons formés par la vibration des cordes vocales* au passage de l'air en provenance des poumons. Les cordes vocales vibrent à différentes vitesses pour les différentes voyelles. Le pharynx, la bouche, le nez (voyelles *nasales*, par exemple, *« on »*, *« an »*), les lèvres, et surtout la langue, par sa position dans la bouche interviennent pour déterminer le timbre particulier des différentes voyelles.

# Iconographie et tabulation

*Page*

Figure 1. De la séquence de sons à l'idée et de l'idée à la séquence de sons     17
Figure 2. La ligne du temps     95

Tableau 1. Nombre de mots compris selon l'âge     26
Tableau 2. Le développement de la prononciation     35
Tableau 3. Liste de sons, de syllabes, et de mots utilisables pour l'examen de la prononciation     38
Tableau 4. Les premiers énoncés ordonnés     46
Tableau 5. Les contenus des premiers énoncés     48
Tableau 6. Le développement des mots grammaticaux (articles, pronoms personnels et possessifs, prépositions et adverbes     56
Tableau 7. Le développement des conjugaisons verbales     57
Tableau 8. Coordination et subordination     58
Tableau 9. Liste Borel-Maisonny pour l'examen de la parole     86

# Table des matières

|  | *Pages* |
|---|---|
| - Avant-propos | 7 |
| - Introduction: deux idées-clés | 9 |
| 1. La première année | 11 |
| 2. Les premiers mots et les autres | 23 |
| 3. La prononciation | 33 |
| 4. Les premières combinaisons de mots et les premières phrases | 43 |
| 5. Apprendre à formuler selon la langue | 55 |
| 6. Les fonctions du langage et les différents types de phrases | 63 |
| 7. Ce qui est acquis aux alentours de 6 ans et ce qui reste à acquérir | 69 |
| 8. Comment faut-il parler à votre enfant? | 75 |
| 9. Quand y a-t-il retard et trouble de langage et que peut-on faire? | 83 |
| - Pour en savoir davantage | 99 |
| - Glossaire | 101 |
| - Iconographie et tabulation | 105 |
| - Table des matières | 107 |

# CHEZ LE MÊME ÉDITEUR

## PSYCHOLOGIE ET SCIENCES HUMAINES
collection publiée sous la direction de MARC RICHELLE

- 1 Dr Paul Chauchard : LA MAITRISE DE SOI. 9<sup>e</sup> éd.
- 7 Paul-A. Osterrieth : FAIRE DES ADULTES. 16<sup>e</sup> éd.
- 9 Daniel Widlöcher : L'INTERPRETATION DES DESSINS D'ENFANTS. 13<sup>e</sup> éd.
- 11 Berthe Reymond-Rivier : LE DEVELOPPEMENT SOCIAL DE L'ENFANT ET DE L'ADOLESCENT. 13<sup>e</sup> éd.
- 22 H.T. Klinkhamer-Steketée : PSYCHOTHERAPIE PAR LE JEU. 4<sup>e</sup> éd.
- 24 Marc Richelle : POURQUOI LES PSYCHOLOGUES? 6<sup>e</sup> éd.
- 25 Lucien Israel : LE MEDECIN FACE AU MALADE. 5<sup>e</sup> éd.
- 26 Francine Robaye-Geelen : L'ENFANT AU CERVEAU BLESSE. 2<sup>e</sup> éd.
- 27 B.F. Skinner : LA REVOLUTION SCIENTIFIQUE DE L'ENSEIGNEMENT. 3<sup>e</sup> éd.
- 29 J.C. Ruwet : ETHOLOGIE : BIOLOGIE DU COMPORTEMENT. 3<sup>e</sup> éd.
- 38 B.-F. Skinner : L'ANALYSE EXPERIMENTALE DU COMPORTEMENT. 2<sup>e</sup> éd.
- 40 R. Droz et M. Rahmy : LIRE PIAGET. 7<sup>e</sup> éd.
- 42 Denis Szabo, Denis Gagné, Alice Parizeau : L'ADOLESCENT ET LA SOCIETE. 2<sup>e</sup> éd.
- 43 Pierre Oléron : LANGAGE ET DEVELOPPEMENT MENTAL. 2<sup>e</sup> éd.
- 45 Gertrud L. Wyatt : LA RELATION MERE-ENFANT ET L'ACQUISITION DU LANGAGE. 2<sup>e</sup> éd.
- 49 T. Ayllon et N. Azrin : TRAITEMENT COMPORTEMENTAL EN INSTITUTION PSYCHIATRIQUE
- 52 G. Kellens : BANQUEROUTE ET BANQUEROUTIERS
- 55 Alain Lieury : LA MEMOIRE
- 58 Jean-Marie Paisse : L'UNIVERS SYMBOLIQUE DE L'ENFANT ARRIERE MENTAL
- 59 Jacques Van Rillaer : L'AGRESSIVITE HUMAINE
- 61 Jérôme Kagan : COMPRENDRE L'ENFANT
- 62 Michel S. Gazzaniga : LE CERVEAU DEDOUBLE
- 64 X. Seron, J.L. Lambert, M. Van der Linden : LA MODIFICATION DU COMPORTEMENT
- 65 W. Huber : INTRODUCTION A LA PSYCHOLOGIE DE LA PERSONNALITE. 7<sup>e</sup> éd.
- 66 Emile Meurice : PSYCHIATRIE ET VIE SOCIALE
- 67 J. Château, H. Gratiot-Alphandéry, R. Doron et P. Cazayus : LES GRANDES PSYCHOLOGIES MODERNES
- 68 P. Sifnéos : PSYCHOTHERAPIE BREVE ET CRISE EMOTIONNELLE
- 69 Marc Richelle : B.F. SKINNER OU LE PERIL BEHAVIORISTE
- 70 J.P. Bronckart : THEORIES DU LANGAGE
- 71 Anika Lemaire : JACQUES LACAN. 8<sup>e</sup> éd. revue et augmentée.
- 72 J.L. Lambert : INTRODUCTION A L'ARRIERATION MENTALE
- 73 T.G.R. Bower : DEVELOPPEMENT PSYCHOLOGIQUE DE LA PREMIERE ENFANCE. 4<sup>e</sup> éd.
- 74 J. Rondal : LANGAGE ET EDUCATION
- 75 Sheila Kitzinger : PREPARER A L'ACCOUCHEMENT
- 76 Ovide Fontaine : INTRODUCTION AUX THERAPIES COMPORTEMENTALES
- 77 Jacques-Philippe Leyens : PSYCHOLOGIE SOCIALE. nouvelle édition 1997
- 78 Jean Rondal : VOTRE ENFANT APPREND A PARLER 3<sup>e</sup> éd.
- 79 Michel Legrand : LE TEST DE SZONDI
- 80 H.J. Eysenck : LA NEVROSE ET VOUS
- 81 Albert Demaret : ETHOLOGIE ET PSYCHIATRIE
- 82 Jean-Luc Lambert et Jean A. Rondal : LE MONGOLISME. 4<sup>e</sup> éd.
- 83 Albert Bandura : L'APPRENTISSAGE SOCIAL
- 84 Xavier Seron : APHASIE ET NEUROPSYCHOLOGIE
- 85 Roger Rondeau : LES GROUPES EN CRISE?

86 J. Danset-Léger : L'ENFANT ET LES IMAGES DE LA LITTERATURE ENFANTINE
87 Herbert S. Terrace : NIM. UN CHIMPANZE QUI A APPRIS LE LANGAGE GESTUEL
88 Roger Gilbert : BON POUR ENSEIGNER?
89 Wing, Cooper et Sartorius : GUIDE POUR UN EXAMEN PSYCHIATRIQUE
90 Jean Costermans : PSYCHOLOGIE DU LANGAGE
91 Françoise Macar : LE TEMPS, PERSPECTIVES PSYCHOPHYSIOLOGIQUES
92 Jacques Van Rillaer : LES ILLUSIONS DE LA PSYCHANALYSE. $4^e$ éd.
93 Alain Lieury : LES PROCEDES MNEMOTECHNIQUES
94 Georges Thinès : PHENOMENOLOGIE ET SCIENCE DU COMPORTEMENT
95 Rudolph Schaffer : COMPORTEMENT MATERNEL
96 Daniel Stern : MERE ET ENFANT, LES PREMIERES RELATIONS. $3^e$ éd.
97 R. Kempe & C. Kempe : L'ENFANCE TORTUREE
98 Jean-Luc Lambert : ENSEIGNEMENT SPECIAL ET HANDICAP MENTAL
99 Jean Morval : INTRODUCTION A LA PSYCHOLOGIE DE L'ENVIRONNEMENT
100 Pierre Oleron et al. : SAVOIRS ET SAVOIR-FAIRE PSYCHOLOGIQUES CHEZ L'ENFANT
101 Bernard I. Murstein : STYLES DE VIE INTIME
102 Rondal/Lambert/Chipman : PSYCHOLINGUISTIQUE ET HANDICAP MENTAL
103 Brédart/Rondal : L'ANALYSE DU LANGAGE CHEZ L'ENFANT. $2^e$ éd.
104 David Malan : PSYCHODYNAMIQUE ET PSYCHOTHERAPIE INDIVIDUELLE
105 Philippe Muller : WAGNER PAR SES REVES
106 John Eccles : LE MYSTERE HUMAIN
107 Xavier Seron : REEDUQUER LE CERVEAU
108 Moreau/Richelle : L'ACQUISITION DU LANGAGE. $5^e$ éd.
109 Georges Nizard : ANALYSE TRANSACTIONNELLE ET SOIN INFIRMIER
110 Howard Gardner : GRIBOUILLAGES ET DESSINS D'ENFANTS, LEUR SIGNIFICATION. $3^e$ éd.
111 Wilson/Otto : LA FEMME MODERNE ET L'ALCOOL
112 Edwards : DESSINER GRACE AU CERVEAU DROIT. $9^e$ éd.
113 Rondal : L'INTERACTION ADULTE-ENFANT
114 Blancheteau : L'APPRENTISSAGE CHEZ L'ANIMAL
115 Boutin : FORMATION ET DEVELOPPEMENTS
116 Húsen : L'ECOLE EN QUESTION
117 Ferrero/Besse : L'ENFANT ET SES COMPLEXES
118 R. Bruyer : LE VISAGE ET L'EXPRESSION FACIALE
119 J.P. Leyens : SOMMES-NOUS TOUS DES PSYCHOLOGUES?
120 J. Château : L'INTELLIGENCE OU LES INTELLIGENCES?
121 M. Claes : L'EXPERIENCE ADOLESCENTE
122 J. Hayes et P. Nutman : COMPRENDRE LES CHOMEURS
123 S. Sturdivant : LES FEMMES ET LA PSYCHOTHERAPIE
124 A. Pomerleau et G. Malcuit : L'ENFANT ET SON ENVIRONNEMENT
125 A. Van Hout et X. Seron : L'APHASIE DE L'ENFANT
126 A. Vergote : RELIGION, FOI, INCROYANCE
127 Sivadon/Fernandez-Zoïla : TEMPS DE TRAVAIL, TEMPS DE VIVRE
128 Born : JEUNES DEVIANTS OU DELINQUANTS JUVENILES?
129 Hamers/Blanc : BILINGUALITE ET BILINGUISME
130 Legrand : PSYCHANALYSE, SCIENCE, SOCIETE
131 Le Camus : PRATIQUES PSYCHOMOTRICES
132 Lars Fredén : ASPECTS PSYCHOSOCIAUX DE LA DEPRESSION
133 Mount : LA FAMILLE SUBVERSIVE
134 Magerotte : MANUEL D'EDUCATION COMPORTEMENTALE CLINIQUE
135 Dailly/Moscato : LATERALISATION ET LATERALITE CHEZ L'ENFANT
136 Bonnet/Tamine-Gardes : QUAND L'ENFANT PARLE DU LANGAGE
137 Bruyer : LES SCIENCES HUMAINES ET LES DROITS DE L'HOMME

138 Taulelle : L'ENFANT A LA RENCONTRE DU LANGAGE
139 de Boucaud : PSYCHOLOGIE DE L'ENFANT ASTHMATIQUE
140 Duruz : NARCISSE EN QUETE DE SOI
141 Feyereisen/de Lannoy : PSYCHOLOGIE DU GESTE
142 Florin *et al.* : LE LANGAGE A L'ECOLE MATERNELLE
143 Debuyst : MODELE ETHOLOGIQUE ET CRIMINOLOGIE
144 Ashton/Stepney : FUMER
145 Winkel *et al.* : L'IMAGE DE LA FEMME DANS LES LIVRES SCOLAIRES
146 Bideau/Richelle : PSYCHOLOGIE DEVELOPPEMENTALE
147 Schmid-Kitsikis : THEORIE CLINIQUE ET FONCTIONNEMENT MENTAL
148 Guggenbühl/Craig : POUVOIR ET RELATION D'AIDE
149 Rondal : LANGAGE ET COMMUNICATION CHEZ LES HANDICAPES MENTAUX
150 Moscato *et al.* : FONCTIONNEMENT COGNITIF ET INDIVIDUALITE
151 Château : L'HUMANISATION OU LES PREMIERS PAS DES VALEURS HUMAINES
152 Avery/Litwack : NEE TROP TOT
153 Rondal : LE DEVELOPPEMENT DU LANGAGE CHEZ L'ENFANT TRISOMIQUE 21
154 Kellens : QU'AS-TU FAIT DE TON FRERE?
155 Rondal/Henrot : LE LANGAGE DES SIGNES. *2ᵉ éd.*
156 Lafontaine : LE PARTI PRIS DES MOTS
157 Bonnet/Hoc/Tiberghien : AUTOMATIQUE, INTELLIGENCE ARTIFICIELLE ET PSYCHOLOGIE
158 Giovannini *et al.* : PSYCHOLOGIE ET SANTE
159 Wilmotte *et al.* : LE SUICIDE
160 Giurgea : L'HERITAGE DE PAVLOV
161 Ionescu : MANUEL D'INTERVENTION EN DEFICIENCE MENTALE N° 1
162 Ionescu : MANUEL D'INTERVENTION EN DEFICIENCE MENTALE N° 2
163 Pieraut-Le Bonniec : CONNAITRE ET LE DIRE
164 Huber : PSYCHOLOGIE CLINIQUE AUJOURD'HUI
165 Rondal *et al.* : PROBLEMES DE PSYCHOLINGUISTIQUE
166 Slukin : LE LIEN MATERNEL
167 Baudour : L'AMOUR CONDAMNE
168 Wilwerth : VISAGES DE LA LITTERATURE FEMININE
169 Edwards : VISION, DESSIN, CREATIVITE. *3ᵉ éd.*
170 Lutte : LIBERER L'ADOLESCENCE
171 Defays : L'ESPRIT EN FRICHE
172 Broome Walace : PSYCHOLOGIE ET PROBLEMES GYNECOLOGIQUES
173 Aimard : LES BEBES DE L'HUMOUR
174 Perruchet : LES AUTOMATISMES COGNITIFS
175 Bawin-Legros : FAMILLES, MARIAGE, DIVORCE
176 Pourtois/Desmet : EPISTEMOLOGIE ET INSTRUMENTATION EN SCIENCES HUMAINES. *2ᵉ éd.*
177 Sloboda : L'ESPRIT MUSICIEN
178 Fraisse : POUR LA PSYCHOLOGIE SCIENTIFIQUE
179 Ruffiot : PSYCHOLOGIE DU SIDA
180 McAdams/Deliège : LA MUSIQUE ET LES SCIENCES COGNITIVES
181 Argentin : QUAND FAIRE C'EST DIRE...
182 Van der Linden : LES TROUBLES DE LA MEMOIRE
183 Lecuyer : BEBES ASTRONOMES, BEBES PSYCHOLOGUES : L'INTELLIGENCE DE LA 1ʳᵉ ANNEE
184 Immelmann : DICTIONNAIRE DE L'ETHOLOGIE
185 Collectif : ACTEUR SOCIAL ET DELINQUANCE
186 Fontana : GERER LE STRESS
187 Bouchard : DE LA PHENOMENOLOGIE A LA PSYCHANALYSE
188 Chanceaulme : MOURIR, ULTIME TENDRESSE
189 Rivière : LA PSYCHOLOGIE DE VYGOTSKY

190 Lecoq : APPRENTISSAGE DE LA LECTURE ET DYSLEXIE
191 de Montmolin/Amalberti/Theureau : MODELES DE L'ANALYSE DU TRAVAIL
192 Minary : MODELES SYSTEMIQUES ET PSYCHOLOGIE
193 Grégoire : EVALUER L'INTELLIGENCE DE L'ENFANT
194 Gommers/van den Bosch/de Aguilar : POUR UNE VIEILLESSE AUTONOME
195 Van Rillaer : LA GESTION DE SOI
196 Lecas : L'ATTENTION VISUELLE
197 Macquet : TOXICOMANIES ET FORMES DE LA VIE QUOTIDIENNE
198 Giurgea : LE VIEILLISSEMENT CEREBRAL
199 Pillon : LA MEMOIRE DES MOTS
200 Pouthas/Jouen : LES COMPORTEMENTS DU BEBE : EXPRESSION DE SON SAVOIR ?
201 Montangero/Maurice-Naville : PIAGET OU L'INTELLIGENCE EN MARCHE
202 Colin A. Epsie : LE TRAITEMENT PSYCHOLOGIQUE DE L'INSOMNIE
203 Samalin-Amboise : VIVRE A DEUX
204 Bourhis/Leyens : STEREOTYPES, DISCRIMINATION ET RELATIONS INTERGROUPES
205 Feltz/Lambert : ENTRE LE CORPS ET L'ESPRIT
206 Francès : MOTIVATION ET EFFICIENCE AU TRAVAIL
207 Houziaux : EDUCATION DU PATIENT ET ORDINATEUR
208 Roques : SORTIR DU CHOMAGE
209 Bléandonu : L'ANALYSE DES REVES ET LE REGARD MENTAL
210 Born/Delville/Mercier/Snad/Beeckmans : LES ABUS SEXUELS D'ENFANTS
211 Siguan : L'EUROPE DES LANGUES
212 de Bonis : CONNAITRE LES EMOTIONS HUMAINES
213 Retschitzki/Gurtner : L'ENFANT ET L'ORDINATEUR
214 Leyens/Yzerbyt/Schadron : STEREOTYPES ET COGNITION SOCIALE
215 Tiberghien : LA MEMOIRE OUBLIEE
216 Wynants : L'ORTHOGRAPHE, UNE NORME SOCIALE
217 Rondal : L'EVALUATION DU LANGAGE
218 Moreau : SOCIOLINGUISTIQUE, CONCEPTS DE BASE
219 Rouquette : LA CHASSE À L'IMMIGRÉ
220 Grubar/Duyme/Cote et al. : LA PRÉCOCITÉ INTELLECTUELLE DE LA MYTHOLOGIE À LA GÉNÉTIQUE
221 Pomini et al. : THÉRAPIE PSYCHOLOGIQUE DES SCHIZOPHRÉNIES
222 Houdé et al. : DESCARTES ET SON ŒUVRE AUJOURD'HUI

*Manuels et Traités*

Droz-Richelle : MANUEL DE PSYCHOLOGIE. 5ᵉ éd.
Hurtig-Rondal : MANUEL DE PSYCHOLOGIE DE L'ENFANT (Tome 1). 5ᵉ éd.
Hurtig-Rondal : MANUEL DE PSYCHOLOGIE DE L'ENFANT (Tome 2). 4ᵉ éd.
Hurtig-Rondal : MANUEL DE PSYCHOLOGIE DE L'ENFANT (Tome 3). 4ᵉ éd.
Rondal-Seron : LES TROUBLES DU LANGAGE (DIAGNOSTIC ET REEDUCATION). 2ᵉ éd.
Fontaine/Cottraux/Ladouceur : CLINIQUES DE THERAPIE COMPORTEMENTALE. 2ᵉ éd.
Godefroid : LES CHEMINS DE LA PSYCHOLOGIE. 2ᵉ éd.
Seron-Jeannerod : NEUROPSYCHOLOGIE HUMAINE